权威·前沿·原创

皮书系列为
"十二五""十三五""十四五"时期国家重点出版物出版专项规划项目

BLUE BOOK

智 库 成 果 出 版 与 传 播 平 台

北京教师发展蓝皮书
BLUE BOOK OF
TEACHER DEVELOPMENT IN BEIJING

北京教师发展报告
（2022~2023）

ANNUAL REPORT ON TEACHER DEVELOPMENT IN BEIJING

(2022-2023)

主　　编／冯洪荣　钟祖荣　张连城
执行主编／郝保伟

社会科学文献出版社
SOCIAL SCIENCES ACADEMIC PRESS (CHINA)

图书在版编目（CIP）数据

北京教师发展报告 . 2022-2023 / 冯洪荣，钟祖荣，张连城主编；郝保伟执行主编 . --北京：社会科学文献出版社，2024.7. --（北京教师发展蓝皮书）.

ISBN 978-7-5228-4028-4

Ⅰ. G451.2

中国国家版本馆 CIP 数据核字第 2024YV9622 号

北京教师发展蓝皮书

北京教师发展报告（2022~2023）

主　　编 / 冯洪荣　钟祖荣　张连城
执行主编 / 郝保伟

出 版 人 / 冀祥德
责任编辑 / 吴　超
文稿编辑 / 王　敏
责任印制 / 王京美

出　　版 / 社会科学文献出版社 · 人文分社（010）59367215
　　　　　　地址：北京市北三环中路甲 29 号院华龙大厦　邮编：100029
　　　　　　网址：www. ssap. com. cn
发　　行 / 社会科学文献出版社（010）59367028
印　　装 / 三河市东方印刷有限公司

规　　格 / 开　本：787mm × 1092mm　1/16
　　　　　　印　张：14.5　字　数：217 千字
版　　次 / 2024 年 7 月第 1 版　2024 年 7 月第 1 次印刷
书　　号 / ISBN 978-7-5228-4028-4
定　　价 / 129.00 元

读者服务电话：4008918866

编委会

主编简介

冯洪荣　北京教育科学研究院党委副书记、院长，中学高级教师。主要从事教育发展战略、教育政策和教育管理研究工作。曾任北京市东城区教委主任、教育工委书记，北京市教育委员会委员、副巡视员。

钟祖荣　北京教育科学研究院副局级领导、教授（二级），教育学博士。主要研究方向为校长教师发展与培训、创造性人才成长与培养、教育哲学、学习科学等。出版《现代人才学》《基础教育哲学引论》《学习指导的理论与实践》《校长教师专业发展与培训研究》等著作40余部，在《教育研究》等期刊上发表论文200余篇，主持省部级课题10余项，获省部级以上教学科研成果奖7项。牵头《"国培计划"课程标准》、全国中小学教师培训课程指导标准研制综合组工作。

张连城　北京教育科学研究院正局级领导、教授。曾任北京联合大学副校长、北京经济管理职业学院（北京经理学院）党委书记。主要研究方向为中国古代政治文化、佛教寺院文化、北京三山五园历史文化、文化遗产数字化、教育信息化。曾获"高等教育信息化年度CIO奖"。主编的《国史镜鉴·执法篇》获河北省"五个一工程"奖、北京市社科类优秀图书二等奖。

郝保伟　北京教育科学研究院教师研究中心党支部书记（主持中心工

作）、副研究员，管理学博士。主要研究领域为教师政策、教师管理与专业发展、教育改革与评价。主持全国教育科学规划课题、北京市教育科学规划重点课题、北京市"两委一室"委托课题等5项，作为核心成员参与教育部、北京市财政专项、北京市教委课题等60余项，发表学术论文20余篇。出版专著2部、合著2部，参编著作10部。研究成果曾获第二届北京市基础教育教学成果一等奖。

摘　要

　　百年大计，教育为本；教育大计，教师为本。教师承担着传播知识、传播思想、传播真理的历史使命，肩负着塑造灵魂、塑造生命、塑造人的时代重任。在建设教育强国和推动教育高质量发展的背景下，教师队伍建设尤为重要。加强教师队伍研究，推动首都教师队伍建设，对于深入推进"十四五"规划，实现首都教育现代化具有十分重要的意义。

　　本报告分总报告、分报告、专题报告和区域报告 4 部分。总报告主要聚焦北京市教师队伍发展情况，从规模总量，专任教师的性别、年龄、学历、职称、分布、配置等方面对北京市教师队伍的整体状况进行了深入分析。总体上，2022~2023 学年度，北京市教师队伍建设成效显著，表现在教师队伍规模总量稳步增加，师资配置更加均衡，广大教师师德水平提高，教师队伍素质能力、教师职业吸引力稳步提升等方面。但同时，教师队伍发展存在规模总量仍不宽裕，教师的创新素养不高，职称结构不尽合理，教师工作压力大、负担重等问题。建议适度增加教师编制，创新编制管理，优化教师队伍结构，大力培养创新型教师，切实为教师减负，进一步提升教师职业幸福感。

　　分报告共包含 4 篇报告。分报告一聚焦北京市中小学教师的职业道德水平状况。以国家、学生、专业、个人品质、同事、家长 6 个师德维度为分析框架，考察北京市中小学教师的职业道德发展水平。北京市中小学教师职业道德水平较高，在 6 个维度中，专业维度得分最高。不同性别、教龄、学校所在地、岗位、学历及是否为班主任教师，在师德水平上存在显著差异。建议新时代在"双减"背景下，转变师德认知：从"道德枷锁"转向"为己之学"。提高反思能力：从"理所当然"转向"三省吾身"。践行专业伦理：从"单向度道德律令"转向"多维度伦理实践"。关注师德评价：从"评定"转向"发展"。分报告二从教学构建、作业设计、课后服务、专业提升4个维度考察"双减"背景下北京市中小学教师专业能力所面临的挑战。"双减"政策的实施增加了北京市中小学教师的工作时长和工作量，作业设计、课后服务等负担的加重导致教师难以平衡工作和生活，且缺乏时间和精力提升专业能力。建议新时代在"双减"背景下，进一步细化教师工作细则，提高教师工作效率，多渠道缓解教师工作压力，化解教师工作负担带来的风险。分报告三聚焦在"双减"背景下北京市中小学教师的工作负担。研究发现，在"双减"背景下，中小学教师的工作负担不仅体现为工作时间特别长、与教育教学无关的工作量多，还体现为教师感知到的工作量大。应采取如下措施切实减轻中小学教师的不合理负担：建立政府统筹、学校负责的协同机制，整合资源提供更多的人力和待遇支持，搭建中小学教师专业发展平台，提高学校治理水平，建立中小学教师"弹性上下班"制度。分报告四聚焦在"双减"背景下北京市中小学教师的幸福感。以TALIS (2021) 教师职业幸福感问卷为框架，对北京市中小学教师幸福感进行研究。北京市中小学教师幸福感总体上处于较高水平，在幸福感4个维度中，认知幸福感得分最高，社会幸福感和主观幸福感次之，健康幸福感最低。不同职称、学段、学历，是否担任班主任，不同教师工作岗位，在幸福感不同维度上存在显著差异。建议实施弹性工作制，提升认知幸福感；加强多元教学与评估策略培训，提升认知幸福感；做研究型教师，提升主观幸福感；密切关注教师身心健康，提升教师健康幸福感；提倡不忘初心、关爱教师的校园文化，提升教师社会幸福感。

专题报告共包括2篇报告。专题报告一聚焦北京市中小学初任教师师德发展情况。研究发现，初任教师在热爱教育工作、关爱学生，以及工作认真方面等都有较好的表现，但初任教师师德发展在有关师德认知、师德情感的培养和培育方面仍存在欠缺，需要改进和提升。建议提升师德政策的教育专业属性，聚焦师德政策的重点内涵，增强师德政策的建设性与实践性，提升初任教师的师德认知力，创建支持与关爱的学校治理体系，助力初任教师良好师德情感的培育，密切结合教育教学实践，提升初任教师的育人能力和师德践行力。专题报告二聚焦北京市职业教育"双师型"教师队伍。北京市职业教育教师队伍建设体系自"十一五"时期就逐步建立并日趋完善，教师队伍的整体素质呈现较高的水平，在构建三级教师培训体系、强化师德师风建设、实施分层分类培训、以"双师型"标准建设为引领、以高层次人才培育为阶梯、以创新团队建设为载体等方面探索了教师队伍建设的有效经验。匹配新时期职业教育高质量发展的需求，"双师型"教师队伍建设仍面临一些适应性的问题和挑战，需要完善"双师型"教师认定标准、引进机制、培养培训体系以及教师队伍建设的配套保障机制，进一步推动职业教育高素质"双师型"教师队伍建设。

区域报告共包括 2 篇报告。区域报告一聚焦海淀区以提升科研素养促进教师专业发展的区域实践创新案例。海淀区通过多年的实践探索，实施了以"参与体验"为研修活动设计原则，以"教育使命"激发教师深层发展动力，以"学习共同体"增强教师发展内生动力的科研种子教师研究项目。项目扎根教育教学实践土壤，为教师专业发展路径做设计，借助区域、学校多级多层的教师研修保障机制，构建以科研素养提升为核心的教师研修课程，重点提升教师"听说读写"四项科研基本技能，以评价引导教师自主研修和主动追求自我发展，建设高素质教师队伍，带动区域教师队伍发展。区域报告二聚焦东城区中小学教师科研素养研究。通过系统研究，编制出由科研意识、科研精神、科研知识、科研能力 4 个维度构成的中小学教师科研素养量表。研究发现，当前中小学教师科研能力和科研意识在 4 个维度中得分较低，中小学教师科研素养存在群体差异，中小学教师开展科研实践的现状亟待改进，科研素养对教育教学效能与行为具有良好的预测作用。因此，建议从增强科研价值认同、补齐科研素养短板、加大科研支持力度 3 个方面提升中小学教师科研素养。

关键词：教师队伍　教师队伍建设　教师专业发展　双减　北京市

Abstract

Education is the foundation of one country, and the key of education depends on teachers. Teachers bear the historical mission of spreading knowledge, ideas and truth, and shoulder the historical responsibility of shaping souls, lives and people. In the new era, especially in the context of the "Building a Powerful Country in Education" and "Promoting the High-quality Development of Education", the construction of the teaching force is particularly important. It is of great significance to strengthen the study of the teaching force and promote the construction of the capital's teaching force, in order to further promote the implementation of the 14th Five-Year Plan and realize the modernization of education in the capital.

This report is divided into four parts: general report, topical reports, special reports, and regional reports.

The general report mainly focuses on the development of the teaching force in Beijing, conducting an in-depth analysis of the overall quantity of the teaching force in terms of teachers' total number, gender, age, education background, professional title, regional distribution and allocation. Overall, during the 2022–2023 academic year, significant progress has been made in the teaching force building in Beijing, demonstrated by a steady increase in the total number of the teaching force, more balanced teacher allocation, high moral standards among teachers, steady improvement in the quality and abilities of teachers, and a steady increase in the attractiveness of the teaching profession. However, challenges still exist in the development of the teaching force, such as the insufficient total quantity, low innovation literacy among teachers, an imperfect professional title structure, and heavy work loads on teachers. It is recommended to moderately increase the teacher staffing, innovate staffing management, optimize the structure of the teaching force, vigorously train innovative teachers, effectively reduce the workloads on teachers, and further improve the professional well-being of teachers.

The topical reports consists of four reports. Topical report I focuses on the professional ethic levels of primary and secondary school teachers in Beijing. Using the dimensions of national and social, student, profession, personal quality, colleague, and parents as an analytical framework, it examines the development level of professional ethics among primary and secondary school teachers in Beijing. The professional ethic level of teachers in Beijing is relatively high, with the professional dimension scoring the highest among the six dimensions. There are significant differences in ethic levels among teachers of different genders, length of teaching, school location, post, education backgrounds, and whether they are head teachers. It is suggested that, in the context of the "Double Reduction" in the new era, there should be a transformation in the perception of professional ethics, from "ethic shackles" to "self-improvement"; an improvement in reflective ability, from "taken for granted" to "self-reflection"; the practice of professional ethics, from "unidirectional ethic rules" to "multidimensional ethic practice"; and a focus on ethic evaluation, from "appraisal" to "development".

Topical report II using the dimensions of teaching construction, homework design, after-school service, and professional development as an analytical framework, it examines the challenges faced by primary and secondary school teachers in Beijing in their professional abilities in the context of "Double Reduction". The implementation of the "Double Reduction" has increased the working hours and workload of primary and secondary school teachers in Beijing, leading to difficulties in balancing work and life, as well as a lack of time and energy to improve their professional abilities. It is recommended that, in the context of the "Double Reduction" in the new era, there should be further refinement of teacher work rules, improvement in teacher work efficiency, multiple channels to alleviate teacher work pressure, and the resolution of risks brought about by teacher workloads.

Topical report III focuses on the workloads of primary and secondary school teachers in Beijing in the context of "Double Reduction". It is found that in the context of "Double Reduction", the workloads of primary and secondary school teachers is not only reflected in long working hours and a large amount of non-teaching work, but also in the perceived workloads of teachers. Measures should be taken to effectively reduce the unreasonable workloads on primary and secondary school teachers, including the establishment of a coordinated mechanism between the government and schools, provide more manpover and compention support for the entire resource, the establishment of a professional development platform for primary and secondary school teachers, improvement in the level of school governance, and the establishment of a "flexible working hours" system for primary and secondary school teachers.

Topical report Ⅳ focuses on the well-being of primary and secondary school teachers in Beijing in the context of "Double Reduction". Using the TALIS (2021) teacher professional well-being questionnaire as a framework, it examines the well-being of primary and secondary school teachers in Beijing. Overall, the well-being level of primary and secondary school teachers in Beijing is relatively high. Among the four dimensions of well-being, cognitive well-being has the highest score, followed by social well-being and subjective well-being, with health well-being being the lowest. There are significant differences in well-being levels among teachers of different titles, educational stages, education backgrounds, whether they are head teachers, and teacher positions. It is recommended to implement a "flexible working hours" system to enhance cognitive well-being, strengthen training in diverse teaching and appraisal strategies to enhance cognitive well-being, be a research-oriented teacher to enhance subjective well-being, pay close attention to the physical and mental health of teachers to enhance their health well-being, and for teachers to not forget their original intention, with caring for the campus culture of teachers and encouragement to teachers to enhance their social well-being.

The special reports consist of two reports. Special report Ⅰ focuses on the development of professional ethics among newly appointed teachers in primary and secondary schools in Beijing. It is found that newly appointed teachers demonstrate good performance in their passion for educational work, care for students, and diligence in their work. However, there are still deficiencies in the development of professional ethics among newly appointed teachers in terms of their understanding of professional ethics and the cultivation of ethics-related emotions, which need to be improved. It is recommended to enhance the educational professional attributes of professional ethics policies, focus on the key connotations of professional ethics policies, enhance the constructive and practical nature of professional ethics policies, improve the professional ethics cognitive ability of newly appointed teachers, create a supportive and caring school governance system to facilitate the cultivation of good professional ethics emotions among newly appointed teachers, closely integrate educational and teaching practices, and enhance the educators' ability and professional ethics practice.

Special report Ⅱ focuses on Beijing's "Double Teacher" teaching force in vocational education. The construction system of Beijing's vocational education teaching force has been gradually established and improved since the "Eleventh Five-Year Plan" period, and the overall quality of the teaching force has reached a relatively high level. Effective experience has been explored in areas such as the construction of a three-level teacher training system, the strengthening of professional ethics and style, the implementation of hierarchical and classified training, the construction guided by the "Double Teacher" standard, the ladder of high-level talent cultivation, and the innovation team building. However, there are still some adaptive problems and challenges in the construction of the "Double Teacher" teaching force that need to be addressed to meet the demands of high-quality vocational education development in the new era. It is necessary to improve the standards for identifying "Double Teacher" teachers, the introduction mechanism, the training system, and the supporting guarantee mechanism for the construction of the teaching force, further promoting the development of a high-quality "Double Teacher" teaching force in vocational education.

The regional reports consist of two reports. Regional report Ⅰ focuses on the regional innovative case of promoting teacher professional development through enhancing research literacy in Haidian District. Through years of practical exploration, Haidian District has implemented a research project for "Seed Teachers", using "participation and experience" as the design principle for training activities, inspiring deep-seated development motivation in teachers through "educational mission," and enhancing the intrinsic development motivation of

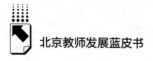

teachers through the "learning community". The project is rooted in the soil of educational practices to design the path for teacher professional development. With the support of multi-level and multi-layered teacher training mechanisms at the regional and school levels, a teacher training course centered on enhancing research literacy has been established, with a focus on improving teachers' basic research skills in "listening, speaking, reading, and writing". This aims to guide teachers to engage in self-directed research and actively pursue self-development, thereby building a team of high-quality teachers and driving the development of the regional teaching force.

Regional report Ⅱ focuses on the research of research literacy among primary and secondary school teachers in Dongcheng District. Through systematic research, a research literacy scale for primary and secondary school teachers was developed, consisting of four parts: research awareness, research spirit, research knowledge, and research abilities. It is found that the current research abilities and awareness of primary and secondary school teachers score low in all four dimensions and that there are group differences in research literacy. The current status of research practices among primary and secondary school teachers urgently needs improvement. Research literacy has a good predictive effect on educational and teaching efficacy and behavior. It is suggested to primary and secondary school teachers enhance their recognition of the value of scientific research, fill the gaps in scientific research capabilities, and increasing scientific research support to imprave their research literacy.

Keywords: Teaching Force; Teaching Force Building; Teacher Professional Development; Double Reduction; Beijing

目 录

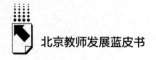
Ⅳ 区域报告

皮书数据库阅读使用指南

CONTENTS ⟊

I General Report

II Topical Reports

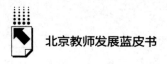
Ⅲ   Special Reports

Ⅳ   Regional Reports

总报告

B.1

2022～2023学年度北京市
教师队伍发展报告

郝保伟　宋洪鹏*

摘　要： 2022~2023学年度，在北京市各级政府的重视下，教师队伍建设成效显著，表现在教师队伍规模总量稳步增加，师资配置更加均衡，广大教师师德水平提高，教师队伍素质能力、教师职业吸引力稳步提升等方面。但同时，教师队伍发展存在规模总量仍不宽裕，教师的创新素养不高，职称结构不尽合理，教师工作压力大、负担重等问题。为此，建议适度增加教师编制，创新编制管理，优化教师队伍结构，大力培养创新型教师，切实为教师减负，进一步提升教师职业幸福感。

关键词： 教师队伍　专任教师　创新型教师　北京市

---

* 郝保伟，北京教育科学研究院教师研究中心副研究员，博士，研究方向为教师政策、教师教育；宋洪鹏，北京教育科学研究院教师研究中心副研究员，博士，研究方向为教师政策、教师教育。

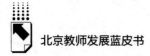

本报告综合采用数据分析、政策文献梳理等方式方法，遵循分析现状、总结成就、揭示问题、剖析成因、提出对策的逻辑思路，对 2022~2023 学年度北京市教师队伍建设情况进行了研究。结果表明，2022~2023 学年度北京市教师队伍建设取得了突出成就，同时也存在一些问题。

一　教师队伍现状[①]

2022~2023 学年度，北京市各级各类教职工规模总量持续小幅增加，结构进一步优化，队伍质量整体呈现上升态势。

（一）规模情况

2022~2023 学年度，北京市各级各类教职工有 32.46 万人，较上一学年度增加了 1.73 万人，增幅为 5.63%。

专任教师共计 221157 人（其中高校教师数，仅包含北京市市属普通高校），较上一学年度增加了 8870 人，增幅为 4.18%。其中，市属普通高校专任教师规模增幅最高，为 17.92%；其次为特殊教育专任教师规模，增幅为 6.05%；增幅排第三位的是普通中学专任教师规模，为 3.95%；小学与学前教育专任教师规模略有增加；只有专门学校和中等职业教育的专任教师规模在减少，减幅分别为 7.27% 和 1.13%。其中，基础教育专任教师规模为 197502 人，较上一学年度增加了 2.74%。市属普通高校共有教职工 39821 人，其中专任教师 23655 人（见表 1）。

表 1　北京市各级各类专任教师规模情况

单位：人，%

专任教师	2021~2022 学年度	2022~2023 学年度	增加	增幅
普通高校（不含央属高校）	20060	23655	3595	17.92
普通中学	76803	79839	3036	3.95

---

① 数据来源于北京市教育委员会发展规划处编制的《北京市教育事业统计资料（2022—2023 学年度）》。

续表

专任教师	2021~2022学年度	2022~2023学年度	增加	增幅
中等职业教育	7161	7080	-81	-1.13
小学	59013	60484	1471	2.49
专门学校	220	204	-16	-7.27
特殊教育	1057	1121	64	6.05
学前教育	47973	48774	801	1.67
合　计	212287	221157	8870	4.18

（二）专任教师性别情况

2022~2023学年度，北京市基础教育专任教师仍以女性为主，占83.23%（见图1）。

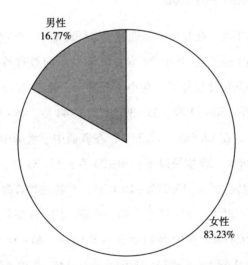

图1　2022~2023学年度北京市基础教育专任教师性别情况

北京市基础教育专任教师中女性占比，学前教育为98.00%，小学为81.35%，普通中学为77.17%，特殊教育为80.37%，中等职业教育为67.37%，专门学校为45.59%（见图2）。北京市普通高校专任教师中，女性占比为46.82%。

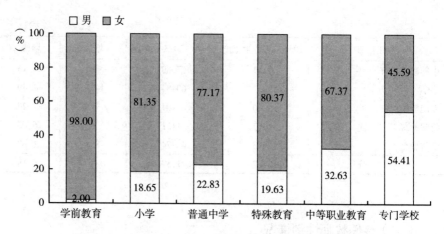

图 2　2022~2023 学年度北京市基础教育专任教师性别情况

（三）专任教师年龄情况

2022~2023 学年度，在北京市基础教育专任教师中，学前教育和小学教师 29 岁及以下所占比例最大，其中 29 岁及以下的学前教育教师达到 56.15%，说明学前教育教师队伍比较年轻。在小学教师中，除 29 岁及以下教师占比最多（22.70%）之外，30~34 岁、35~39 岁、40~44 岁、45~49 岁、50~54 岁教师的占比也较大，在 12.83%~17.75%；在普通中学教师中，40~44 岁教师占比最大，为 20.68%，29 岁及以下、30~34 岁、35~39 岁、45~49 岁、50~54 岁教师的占比也较大，在 13.27%~16.02%；在特殊教育教师中，29 岁及以下、30~34 岁、35~39 岁、40~44 岁、45~49 岁、50~54 岁教师的占比比较均衡，在 13.11%~19.82%；在中等职业教育教师中，40~44 岁、50~54 岁和 45~49 岁教师的占比较大，分别为 21.64%、21.14% 和 19.64%，也有一定的 35~39 岁、30~34 岁教师，占比分别为 13.39%、10.98%（见图 3）。

（四）专任教师学历情况

2022~2023 学年度，北京市基础教育专任教师的学历情况以本科为主，占 70.37%，比上一学年度（70.51%）略有降低；研究生学历（含硕士和博士）

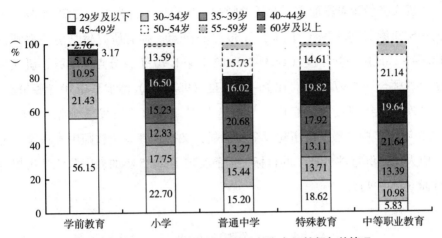

图3 2022~2023学年度北京市基础教育专任教师年龄情况

教师占16.87%，比上一学年度（15.39%）增加了1.48个百分点；专科学历教师占12.24%，比上一学年度（13.31%）减少了1.07个百分点。

基础教育专任教师中拥有研究生学历教师的占比情况如下，学前教育教师为1.52%（上一学年度为1.33%），小学教师为12.93%（上一学年度为11.78%），普通初中教师为29.56%（上一学年度为26.69%），普通高中教师为40.55%（上一学年度为37.60%），特殊教育教师为7.41%（上一学年度为6.37%），中等职业教育教师为21.42%（上一学年度为19.89%），均比上一学年度有所提升（见表2）。

表2 2022~2023学年度北京市基础教育专任教师学历情况

单位：%

	研究生	本科	专科	高中	高中以下
学前教育	1.52	55.22	41.35	1.90	0.01
小学	12.93	83.17	3.83	0.08	0.00
普通初中	29.56	69.62	0.81	0.00	0.00
普通高中	40.55	59.29	0.15	0.00	0.00
特殊教育	7.41	86.79	5.81	0.00	0.00
中等职业教育	21.42	77.09	1.38	0.00	0.10
总计	16.87	70.37	12.24	0.51	0.01

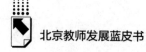

就义务教育阶段而言，专任教师的学历也以本科为主，占 78.52%，比上一学年度（79.82%）下降了 1.30 个百分点。拥有研究生学历的教师占 18.64%，比上一学年度（16.94%）增加了 1.70 个百分点。本科、研究生学历教师合计占 97.16%，比上一学年度（96.76%）增加了 0.40 个百分点，已经连续三年超过《北京市"十四五"时期教育改革发展规划（2021—2025 年）》中"教师队伍建设全面加强，义务教育专任教师中本科及以上学历人员比例超过 96%"的目标，提前实现了 2025 年的教师队伍学历提升目标（见图 4）。

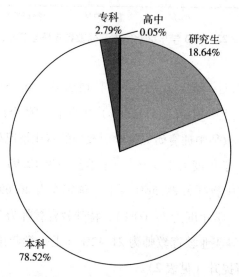

图 4　2022~2023 学年度北京市义务教育阶段专任教师学历情况

（五）专任教师职称情况

2022~2023 学年度，北京市基础教育专任教师的职称以中级和初级为主，二者共占 61.77%，超过六成，比上一学年度（64.41%）减少了 2.64 个百分点。拥有高级职称的教师占 16.55%，比上一学年度（15.78%）增加了 0.77 个百分点，其中正高级职称教师占 0.29%，比上一学年度（0.17%）略有增加；副高级职称教师占 16.26%，比上一学年度

（15.61%）略有增加。基础教育专任教师中未定职级的占 18.22%，比上一学年度（19.81%）略有降低（见图5）。

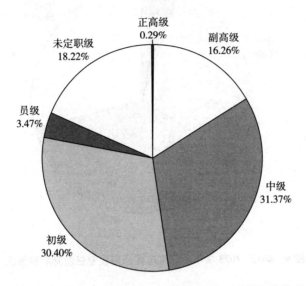

图5　2022～2023 学年度北京市基础教育专任教师职称情况

2022～2023 学年度，北京市普通高校专任教师则以高级职称为主，占66.23%（其中正高级占比为 29.02%，副高级占比为 37.21%），高级职称教师的占比是基础教育的 4 倍多（见图6）。

就各级各类教育而言，高级职称（包括副高级和正高级）专任教师所占比例差距较大，学前教育为 2.41%（上一学年度为 1.95%），小学为11.59%（上一学年度为 9.98%），普通初中为 28.04%（上一学年度为27.87%），普通高中为 39.10%（上一学年度为 39.57%），特殊教育为17.72%（上一学年度为 14.72%），中等职业教育为 34.75%（上一学年度为 33.41%）。

整体来看，在基础教育专任教师中，有 18.22%的专任教师尚未评定职称。在学前教育专任教师中，有超过四成（44.74%，上一学年度为49.82%）的教师尚未评定职级，这与学前教育存在大量的编制外教师有关，尤其是民办学前教育的教师都没有编制，其职称评定受到一定影响。

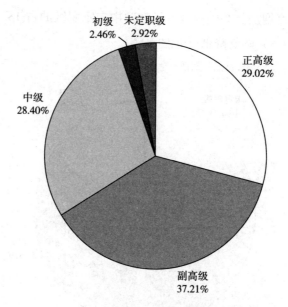

图6　2022～2023 学年度北京市普通高校专任教师职称情况

小学专任教师中有 9.65%（上一学年度为 10.97%）的人尚未评定职级。从其他学段来看，普通初中为 8.40%，普通高中为 9.95%，特殊教育为5.11%，中等职业教育为 6.62%（见图7）。

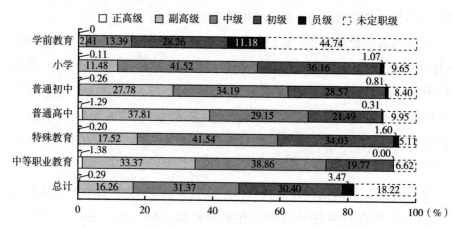

图7　2022～2023 学年度北京市基础教育专任教师职称情况

（六）专任教师分布情况

1. 学前教育分区教职工情况

2022～2023学年度，北京市学前教育教职工共计99987人，其中专任教师48774人，占48.78%。

分区来看，朝阳区、海淀区学前教育专任教师规模较大，分别为8441人、6608人。其次是通州区（4889人）、丰台区（3765人）、昌平区（3404人）、大兴区（3216人）。再其次是房山区（2890人）、西城区（2881人）、顺义区（2449人）、东城区（2382人）（见图8）。

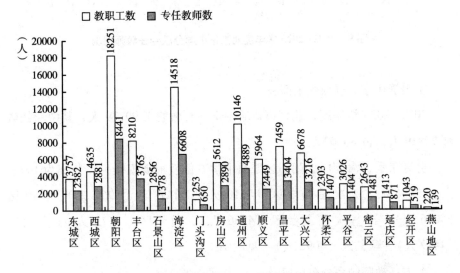

图8 2022～2023学年度北京市学前教育分区教职工情况

2. 小学分区专任教师情况

2022～2023学年度，北京市共有小学教职工66748人，其中专任教师共有60484人，占90.62%。

分区来看，海淀区小学专任教师规模最大（9680人）。其次是西城区（7023人）、朝阳区（6492人），再其次是东城区（5422人）、通州区（4493人）、丰台区（4424人）（见图9）。

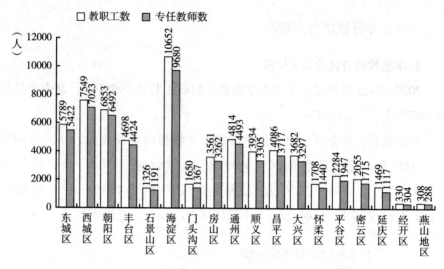

图9　2022~2023学年度北京市小学分区专任教师情况

3. 普通中学分区教职工情况

2022~2023学年度，北京市普通中学共有教职工99779人，其中专任教师79839人，占80.02%。

分区来看，海淀区、朝阳区普通中学专任教师规模较大，分别为14735人、13836人。其次是西城区（7110人）、东城区（5967人）、昌平区（5076人）。再其次是丰台区（4966人）、通州区（4673人）、大兴区（4429人）、顺义区（4092人）（见图10）。

4. 专任教师城乡分布情况

从专任教师城乡分布来看，城区普通中学、小学、学前教育专任教师占85.80%，镇区占7.92%，乡村占6.27%（见图11）。分学段来看，学前教育、小学、普通中学三个学段的城乡分布情况与总体上的城乡分布情况基本一致，城区专任教师均占绝对优势（见图12、图13、图14）。

（七）专任教师配置情况

从学前教育师资配置来看，2022~2023学年度，北京市学前教育生师

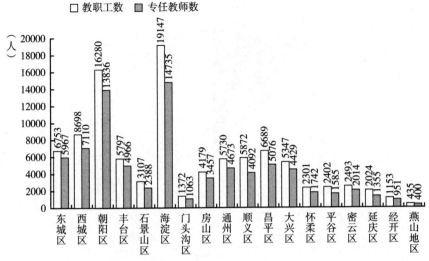

图 10　2022~2023 学年度北京市普通中学分区教职工情况

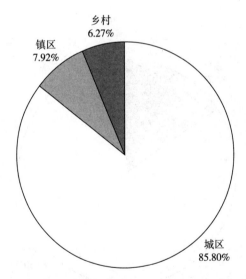

图 11　2022~2023 学年度北京市普通中学、小学、学前教育专任教师城乡分布情况

（专任教师）比为 11.77，与上一学年度（11.81）相近。数值较高的是门头沟区（16.86）、经开区（15.22），其次是顺义区（14.24）、昌平区（13.81）、大兴区（13.22），第三梯队为丰台区（12.20）、海淀区

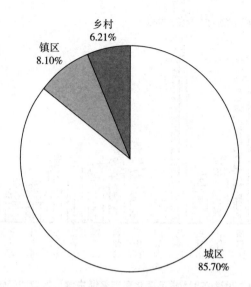

图 12　2022~2023 学年度北京市学前教育专任教师城乡分布情况

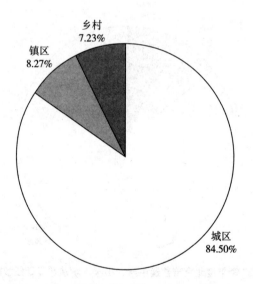

图 13　2022~2023 学年度北京市小学专任教师城乡分布情况

（12.19）、通州区（12.05）、石景山区（11.99）。其余9个区皆低于全市平均水平（11.77）（见图15）。

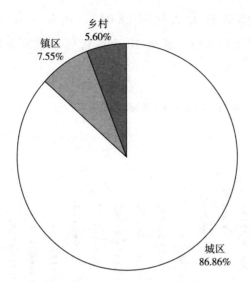

图14 2022~2023学年度北京市普通中学专任教师城乡分布情况

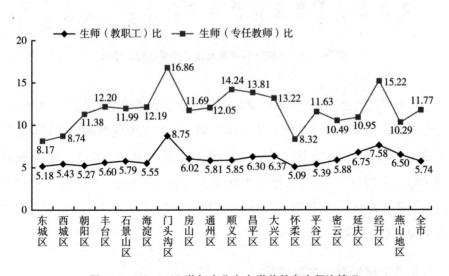

图15 2022~2023学年度北京市学前教育生师比情况

在师资配置上，2022~2023学年度，北京市小学的生师（教职工）比为16.24，生师（专任教师）比则为17.92。生师（专任教师）比较高的是经开区（48.79）、朝阳区（25.87）。其次是石景山区（21.70）、海淀区

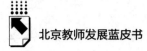

（20.02）。第三梯队是大兴区（19.08）、通州区（18.20）、昌平区（18.11）、房山区（17.93）。其余 10 个区皆低于全市平均水平（17.92）（见图 16）。

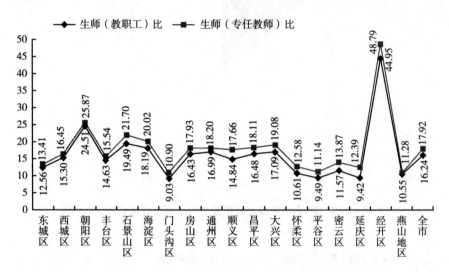

图 16　2022～2023 学年度北京市小学生师比情况

在师资配置上，2022～2023 学年度，北京市普通中学的生师（教职工）比为 5.56，生师（专任教师）比则为 6.95。生师（专任教师）比较高的是西城区（9.36）、海淀区（8.35）。其次是密云区（8.08）、燕山地区（8.06）、平谷区（7.77）。第三梯队是东城区（7.51）、房山区（7.49）、门头沟区（7.46）、通州区（7.33）、延庆区（7.14）。其余 8 个区皆低于全市平均水平（6.95）（见图 17）。

（八）接受专业教育情况

在学前教育和特殊教育领域，专任教师中接受过专业教育的教师所占比例是衡量这支队伍质量的重要指标之一。

2022～2023 学年度，北京市幼儿园园长、专任教师中接受过专业教育人员的比例较高，分别为 91.00%、96.61%（见表 3），均比上一学年度有所

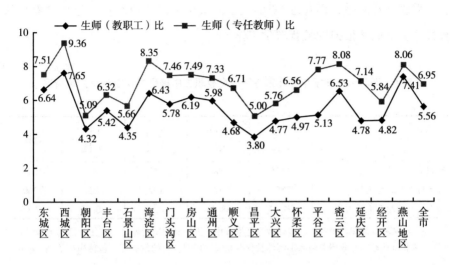

图17 2022～2023学年度北京市普通中学生师比情况

增加。需要注意的是，仍存在一定比例的人员虽尚未接受过专业教育，但从事着学前教育工作。

表3 2022～2023学年度北京市学前教育教职工中接受过专业教育人员情况

单位：人，%

	园长	专任教师	保育员	卫生保健人员	行政人员	教辅人员	工勤人员	合计
教职工	3288	48774	17486	5192	5598	4627	15022	99987
接受过专业教育人员	2992	47123	12720	3203	3910	3034	5990	78972
接受过专业教育人员占比	91.00	96.61	72.74	61.69	69.85	65.57	39.87	78.98

注：学前教育教职工中接受过专业教育是指《中华人民共和国教师法》规定学历的学前教育专业毕业或非学前教育专业毕业但参加学前教育专业岗位培训合格的教职工，包括岗前培训、在岗培训等。

资料来源：北京市教育委员会发展规划处编制的《北京市教育事业统计资料（2022—2023学年度）》。

2022～2023学年度，北京市特殊教育专任教师中接受过专业教育人员的占比为94.11%（见表4），比上一学年度（90.53%）增加了3.58个百分

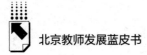

点。需要注意的是,仍有近6%的人虽尚未接受过专业教育,但从事着特殊教育这份专业性很强的教育教学工作。

表4　2022~2023学年度北京特殊教育教职工中接受过专业教育人员情况

单位:人,%

	专任教师	行政人员	教辅人员	工勤人员	合计
教职工	1121	88	115	31	1355
接受过专业教育人员	1055	78	102	25	1260
接受过专业教育人员占比	94.11	88.64	88.70	80.65	92.99

注:特殊教育教职工中接受过专业教育是指《中华人民共和国教师法》规定学历的特殊教育专业毕业或非特殊教育专业毕业但参加特殊教育专业岗位培训合格的教职工,包括岗前培训、在岗培训等。

资料来源:北京市教育委员会发展规划处编制的《北京市教育事业统计资料(2022—2023学年度)》。

(九)编外人员情况

1.学前教育专任教师编外人员情况

2022~2023学年度,北京市幼儿园教职工中,编外人员占77.05%,超过了3/4。园长中,编外人员占65.18%。专任教师中,编外人员占67.21%(见表5)。编外人员占比高,与民办幼儿园占半壁江山密切相关。2022~2023学年度共有幼儿园1989所,其中民办园有1037所,占比为52.14%;共有园长3288人,其中民办幼儿园园长1658人,占比为50.43%。广大民办幼儿园的教职工都是编外人员。

但是,在公办园(含教育部门办园、其他部门办园、地方企业办园、事业单位办园、部队办园、集体办园)中,编外人员也占有相当的比例。编外人员的工资、福利待遇与在编人员相比有较大的差距。同工不同酬,势必会给编外人员的工作态度、工作质量带来一定消极影响。同时,公办园中的编外人员流动率高,不稳定。

表5　2022～2023学年度北京市学前教育教职工中编外人员情况

单位：%

	园长	专任教师	保育员	卫生保健人员	行政人员	教辅人员	工勤人员	教职工合计
在编人员占比	34.82	32.79	3.44	25.08	23.81	37.26	5.66	22.95
编外人员占比	65.18	67.21	96.56	74.92	76.19	62.74	94.34	77.05
合　计	100.00	100.00	100.00	100.00	100.00	100.00	100.00	100.00

2. 小学专任教师编外人员情况

2022～2023学年度，北京市小学专任教师中，有4.95%的人是编外人员（见表6）。

表6　2022～2023学年度北京市小学教职工中编外人员情况

单位：%

	专任教师	行政人员	教辅人员	工勤人员	其他	合计
在编人员占比	95.05	93.86	85.85	50.60	79.63	94.07
编外人员占比	4.95	6.14	14.15	49.40	20.37	5.93
合　计	100.00	100.00	100.00	100.00	100.00	100.00

3. 普通中学专任教师编外人员情况

2022～2023学年度，北京市普通中学专任教师中，有13.77%的人是编外人员（见表7）。

表7　2022～2023学年度北京市普通中学教职工中编外人员情况

单位：%

	专任教师	行政人员	教辅人员	工勤人员	其他	合计
在编人员占比	86.23	61.73	72.46	29.82	54.21	81.37
编外人员占比	13.77	38.27	27.54	70.18	45.79	18.63
合　计	100.00	100.00	100.00	100.00	100.00	100.00

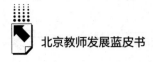

4. 中等职业教育学校专任教师编外人员情况

2022~2023 学年度，北京市中等职业教育学校专任教师中，编外人员占 6.60%（见表8）。

表8　2022~2023 学年度北京市中等职业教育教职工中编外人员情况

单位：%

	专任教师	行政人员	教辅人员	工勤人员	合计
在编人员	93.40	84.09	88.21	53.67	88.72
编外人员	6.60	15.91	11.79	46.33	11.28
合　计	100	100	100	100	100

二　取得的成就

长期以来，北京市委、市政府高度重视教师队伍建设，定期研究教师队伍建设问题，出台了多项政策，在人财物等资源供给上给予优先保障。各区两委认真落实市委、市政府相关政策，根据各区实情，采取有针对性地促进教师队伍发展的措施，成效良好。一年来，北京市各级各类教师队伍建设成效显著、成就突出。

（一）规模总量稳步增加，师资配置更加均衡

2022~2023 学年度，北京市各级各类教职工较上一学年度增加了 1.73 万人，增幅为 5.63%。除专门学校和中等职业教育之外，其他类型专任教师均较上一学年度有所增加。

其中，专任教师共计 221157 人（其中高校教师数，仅包含北京市市属普通高校），较上一学年度增加了 8870 人，增幅为 4.18%。其中，市属普通高校专任教师规模增幅最高，为 17.92%；其次为特殊教育专任教师规模，增幅为 6.05%；增幅排第三位的是普通中学，为 3.95%；小学与学前

教育专任教师规模略有增加。基础教育专任教师规模为197502人，较上一学年度增加了2.74%。

在师资配置上，师资配置水平在全国范围内具有良好优势，尤其是普通高中阶段。生师（专任教师）比数值，小学高于全国水平，学前教育、普通初中、普通高中均低于全国水平（见表9）。

表9　北京市与全国生师（专任教师）比比较

	学前教育	小学	普通初中	普通高中	义务教育
北京生师(专任教师)比	11.77	17.92	8.88	8.73	14.32
全国生师(专任教师)比	14.26	16.19	12.72	12.72	14.92

注：生师比=在校生数/专任教师数，北京是2022~2023学年度数据，全国则是2022学年度数据。

资料来源：《2022年全国教育事业发展统计公报》。

从生师比的国际比较来看，北京市小学的生师比（17.92）高于我国平均水平（16.19），也高于大多数国家，如加拿大、日本、美国、澳大利亚、瑞士、德国，远高于OECD和欧盟（22）的平均水平，仅低于发达国家中的英国、法国。北京市初中的生师比（8.88）低于我国的平均水平（12.72），低于OECD中的绝大多数国家的水平，仅比芬兰的生师比高（见表10）。

表10　生师比的国际比较

	小学	初中
俄罗斯	23.5	12.1
哥伦比亚	23.1	26.9
英　国	19.9	16.2
法　国	18.8	14.5
中　国	16.2	12.7
加拿大	16.4	—
新西兰	16.4	16.2
荷　兰	16.4	16.0
日　本	15.9	12.9

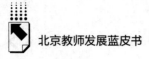

续表

	小学	初中
美 国	15.2	15.2
澳大利亚	15.1	—
瑞 士	15.1	11.6
德 国	15.1	12.9
OECD 平均	14.5	13.1
芬 兰	13.5	8.8
欧盟 22（EU22）平均	13.1	10.9
瑞 典	13.0	11.2
丹 麦	11.9	10.7
意大利	11.4	10.9
挪 威	10.4	9.7

注：欧盟 22（EU22）指的是 22 个数据可得的欧盟国家。
资料来源：Education at a Glance 2021（2019 年的数据）。

在师资配置方面更加均衡，北京市进一步缩小了城乡之间、学校之间的师资差距。2021 年秋季学期，北京市启动了新一轮的义务教育校长教师交流轮岗，市委、市政府领导高度重视本次交流轮岗，因此，本次交流轮岗力度大、范围广、影响深。尤其重视骨干教师的全职交流轮岗，全市各区依据教育部义务教育优质均衡发展中的指标［每百名学生拥有县级以上骨干教师数：小学、初中均为 1 人以上。每百名学生拥有体育、艺术（美术、音乐）专任教师数：小学、初中均为 0.9 人以上①］配置区级及以上骨干教师和音体美教师。

（二）广大教师师德水平高

北京市中小学教师职业道德水平较高。特别是在疫情三年，北京市广大教师的爱岗敬业、无私奉献精神得到进一步彰显。教师既要抗疫，每天给学

---

① 数据来源于《教育部关于印发〈县域义务教育优质均衡发展督导评估办法〉的通知》（教督〔2017〕6 号）。

生测体温，每隔两天做核酸采样，并督促家长做好防疫，又要做好教育教学工作；既要做好学生的心理辅导，又要协调沟通家长做好家校合作。调研结果表明①，在"双减"背景下，北京市中小学教师师德维度的六个方面平均得分为4.62分。其中专业维度得分最高，为4.71分；第二是家长维度，为4.64分；第三是个人品质与同事维度，两个维度得分均为4.63分；第四是国家维度，为4.59分；第五是学生维度，为4.53分。女性教师的师德水平在六个维度均显著高于男性教师。

从近期一项对北京市中小学教师的师德调研中也可以看出，北京市中小学教师师德的水平较高。② 研究者将教师师德行为分为爱党爱国、传播正能量、潜心育人、关爱学生、校园安全防范、言行处事得当、廉洁自律、规范从教等八个维度。从学生和家长的评分来看，学生和家长对教师绝大多数师德行为的评分在4.70分以上，很多评分高于4.90分。仅有学生对教师传播正能量、关爱学生的评价相对较低，但也处于较高的水平（见表11）。

表11 学生和家长对教师师德行为的评价

单位：分

维度	学生评分均值	家长评分均值
爱党爱国	4.90	4.96
传播正能量	4.28	4.94
潜心育人	4.90	4.76
关爱学生	4.36	4.77
校园安全防范	4.91	4.74
言行处事得当	4.92	4.95
廉洁自律	4.92	4.93
规范从教	4.92	4.93

资料来源：高慧斌《中小学师德师风建设存在的问题与解决路径——以北京市为例》，《中国德育》2023年第18期。

---

① 数据来源于对北京市11个区中小学教师的问卷调查，具体见本书B.2。
② 高慧斌：《中小学师德师风建设存在的问题与解决路径——以北京市为例》，《中国德育》2023年第18期。

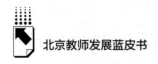

（三）教师队伍素质能力稳步提升

学历水平与结构是衡量教师队伍质量的重要指标之一。高学历在很大程度上反映出高水平、高能力、高素质。从学历水平来看，北京市教师的学历高于全国水平，在全国处于领先地位，这是北京市教育水平较高的重要因素之一。

基础教育专任教师学历水平逐年提升，尽管仍以本科学历为主，但本科及以下学历教师所占比例逐年减少，研究生学历教师占比逐年增加。除学前教育专任教师中专科占比为 41.35% 外，其他学段专科学历占比较低。

在基础教育专任教师中，研究生（含硕、博）学历教师占比逐年增加，占比为 16.87%。其中，学前教师中研究生学历教师占比为 1.52%（上一学年度为 1.33%），小学教师中研究生学历教师占比为 12.93%（上一学年度为 11.78%），普通初中教师中研究生学历教师占比为 29.56%（上一学年度为 26.69%），普通高中教师中研究生学历教师占比为 40.55%（上一学年度为 37.60%），特殊教育教师中研究生学历教师占比为 7.41%（上一学年度为 6.37%），中等职业教育教师中研究生学历教师占比为 21.42%（上一学年度为 19.89%），均比上一学年度有所提升。义务教育学校专任教师中拥有研究生学历教师占比为 19.09%，比上一学年度（16.94%）增加了 2.15个百分点。

整个基础教育阶段，已有 1507 位拥有博士学位的教师在从事教育教学工作，其中 59.52% 的人在普通高中（见表 12）。普通高中专任教师中，拥有博士学位的占 3.94%。

表 12　基础教育阶段专任教师中拥有博士学位情况

单位：人

专任教师 学位	学前教育	小学	普通初中	普通 高中	特殊 教育	中等 职业教育	合计
博士	9	67	454	897	2	78	1507

（四）教师幸福感较高

幸福感是个体对自我幸福的评价，是评价者个人对其生活质量的整体评估，具有主观性、整体性和相对稳定性等特点。幸福感是衡量个人生活质量的重要综合性心理指标。教师幸福感是衡量教师心理健康状况的一项关键指标。

调研结果表明[1]，在"双减"背景下北京市中小学教师幸福感总体上处于较高水平，幸福感总体均值为3.03分（四点量表）。在幸福感四个维度中，认知幸福感得分最高，达到3.29分；社会幸福感和主观幸福感次之，分别为3.11分和3.08分；健康幸福感最低，只有2.57分。不同职称、学段、学历，是否担任班主任工作，不同教师工作岗位在幸福感不同维度上存在显著差异。

（五）教师职业吸引力稳步提升

"十三五"以来，北京市全面落实中央、教育部有关教师政策，在提高教师地位、待遇、荣誉等方面采取诸多有力措施，成效显著。

在工资待遇上，北京市保障了教师工资高于当地公务员平均工资水平，并建立了稳步增长机制。教师荣誉体系更加完善，建立起国家、市、区完善的荣誉体系。

在"双减"政策与疫情双重因素影响下，教师职业因其工资有保障、稳定而受到更多青年的青睐，越来越多的大学毕业生考取教师资格证书，选择教书育人。社会培训机构撤并、转型裁掉了大批培训教师，这些被裁掉的培训教师大部分开始转向学校、转向体制内。教师劳动力市场供给充沛，教师职业吸引力显著增强。总体而言，全社会尊师重教氛围更加浓厚。

---

[1]　数据来源于对北京市11个区中小学教师的问卷调查，具体见本书B.5。

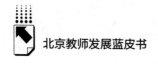

三　存在的问题

北京市各级各类教师队伍在规模总量、结构、能力水平等方面仍存在一些问题和短板，制约着北京市高质量教师队伍的打造，影响着北京市高质量教育体系的建设。

（一）规模总量仍不足，部分区更加紧张

尽管北京市各级各类教师队伍的规模逐年增加，但总量上仍是基本满足需求，距离支持高质量教育体系建设仍有较大差距。从生师比的情况来看，北京市师资配置优势已经不再明显，特别是小学阶段。各区之间师资情况不同，部分区入学需求大，师资缺口较大，如海淀区。从分学科来看，部分学科的教师尤为短缺，如体育、音乐、美术、科学等，尤其是城镇、乡村学校。编制外用工仍然在不同学段存在。

究其原因，一是师资需求大，二是编制紧，供需不匹配。近年来，北京市中小学、幼儿园学龄人口处于入学高峰期，广大幼儿园、小学人满为患，班额饱满、超标现象普遍，这对师资需求较大。同时，北京市作为教育发达地区，学校承载着更加多元化的功能，学校的形态也在逐步变迁之中。各种教改、实验、国际化、一体化培养，集团化办学，学区化管理，城乡一体化发展，再加上"双减"之后的课后服务、交流轮岗等，这些事项都要求配置更多教师。然而，在教师供给上，受制于编制、户籍，招聘教师严重不足。

（二）教师的创新素养不高，影响创新型人才的培养

党的二十大报告提出，教育、科技、人才是全面建设社会主义现代化国家的基础性、战略性支撑。科技是第一生产力、人才是第一资源、创新是第一动力，深入实施科教兴国战略、人才强国战略、创新驱动发展战略。培养创新型人才就需要培养创新型教师，或者大力提升教师的创新素养。当下，各方对基础教育创新型教师的培养尚未引起足够重视，创新素养尚未成为基

础教育教师队伍建设的主要目标，在政策文件中远未成为关键词，只是更多地强调高校创新型教师的培养。

需要注意的是，北京市各级各类学校的专任教师，特别是中小学专任教师，创新意识、创新能力、创新行为都较弱，仍显保守有余，创新不足。在培养创新型人才方面，教师在培养能力、培养行为、环境创设等方面依然较弱，对创新型人才的前期识别、教育教学支持、后期评估诊断等更加不足。

（三）职称结构仍不尽合理，影响教师工作积极性

2022~2023 学年度，北京市基础教育专任教师的职称，仍以中级（31.37%）和初级（30.40%）为主，二者占比合计超过了六成。拥有高级职称的教师仅占 16.55%。虽然高级职称教师占比较上一学年度有所增加，但是增加幅度不大，这意味着大部分教师很难获得高级职称，不利于教师工作积极性的提升。每年职称评审时，教师之间都竞争激烈，学校、教师均面临很大的心理压力。专任教师中拥有高级职称教师所占比例，各学段差距较大，带来了不公平。幼儿园高级职称教师占比为 2.41%，小学高级职称教师占比为 11.59%，普通初中高级职称教师占比为 28.04%，普通高中高级职称教师占比为 39.10%，特殊教育高级职称教师占比为 17.72%，中等职业教育高级职称教师占比为 34.75%，普通高校高级职称教师占比为 66.23%。同时还要看到的是，在基础教育专任教师中，仍有 18.22% 的专任教师尚未评定职称。

（四）中小学教师工作压力大、负担重

"双减"之后，中小学教师特别是义务教育学校教师的工作负担与工作时间明显增加，非教育教学工作增加，用于学习研究的时间进一步减少。

研究显示，与"双减"前相比，请中小学教师判断在校工作的时间变化情况，超过八成的教师选择在校工作时间和下班工作时间有大幅增加。中小学教师认为在校工作时间平均增加了 1.55 个小时，按照 5 个工作日测算，平均每周增加 7.75 个小时；中小学教师认为下班工作时间平均增加了 1.38

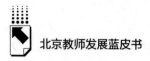

个小时，按照 5 个工作日测算，平均每周增加 6.90 个小时。在"双减"实施之前，2020 年我们测得中小学教师周平均工作时间为 56.8 个小时，按照在校工作时间平均增加了 7.75 个小时和下班工作时间平均增加了 6.90 个小时测算，"双减"实施之后，教师周平均工作时间为 71.45 个小时，"双减"背景下中小学教师工作时间显著增加。

除了正常的教育教学工作，各种检查评比督导、社会事务进校园等活动也占据较多的时间，给教师带来额外负担。而用于与专业发展密切相关的教研（培训、学习、课题研究）时间较少，影响了教师专业成长和教学质量的提升。

四 对策与建议

针对北京市教师队伍存在的上述主要突出问题，比较借鉴、综合研判相关资料，本报告提出以下对策建议。

（一）适度增加教师编制，创新编制管理

教师工作时间长，尤其是班主任工作负担重，与一线教师数量不足有很大关系。为此，一方面，政府要组织编办、人社局、教委、财政局等依据教育发展实际，研究出台新的编制核算办法，适当提高教师编制配备标准；另一方面，教育行政部门也要对当前的编制进行优化配置，开展干部教师交流轮岗管理改革，将教师编制放在区域内统筹，缓解区域内学校结构性教师短缺的困境。在推进干部教师交流轮岗管理改革过程中，有条件的区域还可创新人事管理体制机制，打破编制对教师队伍发展的限制，通过经济杠杆和户籍杠杆吸引优秀社会化人才进入教师队伍，为区域教育发展提供充足的人才保障。

随着在校生峰值从小学向初中、从初中到高中的滚动，低学段的教师可能出现富裕，高学段则出现紧缺。对此，教育行政部门要有充分的预测研判，做好教师在学段之间调剂的各项准备工作，相应的政策制度、体制机

制、岗前培训、工作流程、管理保障等都应该提前布置到位。

此外，要切实增加公办幼儿园的编制数量，优先保障幼儿园干部、骨干教师、优秀教师、紧缺岗位人员入编，从而保障骨干教师、优秀教师队伍的稳定。

（二）优化教师队伍结构

1. 优化专任教师职称结构

教育行政部门要逐年增加中、高级职称教师的占比，特别是农村学校高级职称教师的占比，拓展职业晋升空间，激发教师干劲和工作积极性。尤其是对幼儿园教师，要加大职称指标的投放力度。在基础教育各学段之间要做到各级职称结构大致相当。

2. 指导部分区优化干部教师队伍年龄结构

由于历史、改革等因素，有的区干部教师队伍老龄化严重，中青年结构不合理，年龄梯队不协调，上下断层、青黄不接。对此，政府要给予大力支持，通过给编制指标、给政策、给财力等举措，协助它们优化年龄结构。

3. 加大紧缺学科教师的培养和引进力度

对于需求量大、培养难度大、培养成本高的学科教师，如体、音、美、科学等，要加大政策创新力度，给予倾斜政策。在京师范高校要加大对这些学科教师的培养力度。同时，适当增加进京指标、提高待遇保障等，从京内外引进优秀毕业生，也可以通过社会用工、项目合作、资源开发等渠道吸引社会专业团体人员。

4. 加强编外人员管理

加强对编制外教师的管理，进一步落实同工同酬，激发他们的职业认同感、荣誉感、归属感。切实做到在职称评定、评优评先、培训进修等方面与在编教师一视同仁。

（三）大力培养创新型教师

拔尖创新人才的培养，离不开创新型教师。创新型教师的培养，要从基础教育教师抓起，从源头抓起。政府要高度重视创新型教师特别是基础教育创新型教师的培养工作，将创新型教师的培养或者教师的创新素养纳入教师教育培养目标体系中。研发、开设相应的创新型教师或教师创新素养提升课程，纳入职前教师培养课程体系和职后教师培训体系。在实践中，教育行政部门要创设有利于创新的社会大环境和学校文化，鼓励教师积极开展教育教学创新实践。在评价上，将创新能力和创新实践纳入教师的绩效考评、各种评职评优中，通过评价培养创新型教师或提升教师的创新素养。

（四）切实为教师减负，进一步提升教师职业幸福感

1.切实减少教师的非教育教学工作

2019 年 12 月，中共中央办公厅、国务院办公厅印发了《关于减轻中小学教师负担进一步营造教育教学良好环境的若干意见》。2020 年 12 月，中共北京市委办公厅、北京市人民政府办公厅印发了《关于减轻中小学教师负担进一步营造教育教学良好环境的若干措施》。市、区教育行政部门要贯彻落实上述政策，对非教育教学事项进行细化，列出详细的减负清单，切实减少教师的非教育教学工作。同时，教育行政部门要加强对社会事务进校园和学校课程的统筹，有机融合社会资源与各校的课程建设。

2.建立中小学教师"弹性上下班"制度

建议教育行政部门在调研基础上建立中小学教师"弹性上下班"制度。由于教师工作时长的进一步增加，需要探索建立"弹性上下班"制度，以解决教师工作时间过长的现实问题。建议制定市、区、校三级弹性工作制度，市、区、校分别制定指导意见、实施办法和具体实施方案，尤其要充分尊重学校制定的实施方案，根据不同学段（特别是小学）、不同教师主体（科任教师、主科教师、班主任等）提出不同措施，积极探索多元化的弹性工作模式。

3.提升教师幸福感

学校要采取人性化管理方式，密切关注教师的专业发展和身心健康状

况，不随意在休息时间增加教师工作量，并通过工会组织各种文娱和体育活动，为教师减压。同时，要进一步增强教师工作专注度，从而提升主观幸福感；加强多元教学与评估策略培训，增强教师自我效能感，从而提升认知幸福感；引导广大教师做研究型教师，通过研究焕发专业热情，从而提升主观幸福感。

分 报 告

B.2

"双减"背景下北京市中小学教师
职业道德水平研究报告

陈黎明[*]

摘 要: 教师的职业道德发展水平是衡量学校和区域教师队伍素质的关键指标。本报告以改革开放以来国家层面颁布的中小学师德规范、准则内容为圭臬,将规范中所包含的国家、学生、专业、个人品质、同事、家长6个师德维度作为分析框架,考察北京市中小学教师的职业道德发展水平。本报告通过对北京市11个区中小学教师进行问卷调查,共收集到有效数据2904份。研究发现,北京市中小学教师职业道德水平较高,在6个维度中,专业维度得分最高。不同性别、教龄、学校所在地、岗位、学历及是否为班主任教师在师德水平上存在显著差异。近年来,北京市委教工委、北京市教育委员会印发的关于教师队伍建设及师德师风建设的重要文件为北京市师德师风建设提供了多方

---

* 陈黎明,北京教育科学研究院教师研究中心副研究员,博士,研究方向为教育基本理论、教师教育。

面的指导，为促进师德师风建设营造了良好的制度环境。在"双减""教师交流轮岗"政策背景下，师德建设应关注教师情绪、体现人文关怀；根据新形势提高师德培训的针对性；进一步加大宣传力度，让教师体验到被需要、被认可、被尊重，保障交流轮岗教师最大限度上在新岗位发挥作用；应切实保障教师的权益，对于具有突出贡献的教师应给予相应的精神表彰和物质奖励。最后提出以下对策与建议。转变师德认知：从"道德枷锁"转向"为己之学"。提高反思能力：从"理所当然"转向"三省吾身"。践行专业伦理：从"单向度道德律令"转向"多维度伦理实践"。关注师德评价：从"评定"转向"发展"。

关键词： "双减" 职业道德水平 师德建设 中小学教师

一 研究背景

2020 年，中共中央、国务院印发了《深化新时代教育评价改革总体方案》（中发〔2020〕19 号），要求教师评价"坚持把师德师风作为第一标准"，并强调"提高教育评价的科学性、专业性、客观性"。师德师风作为教师评价第一标准，表明教师的职业道德发展水平是衡量学校和区域教师队伍素质的关键指标。所以，本报告以改革开放以来国家层面颁布的中小学师德规范、准则内容为圭臬，将规范中所包含的国家、学生、专业、个人品质、同事、家长 6 个师德维度作为分析框架，构建中小学教师职业道德评价指标体系，力图科学、客观地考察北京市中小学教师职业道德发展水平，并提出建议。

二 研究设计

（一）研究问题

一是北京市中小学教师职业道德发展水平的现状。二是不同教师群体在师德发展水平上的差异。三是提升中小学教师职业道德水平的策略。

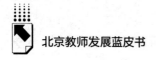

（二）研究方法

1. 问卷调查法

制定并发放问卷，通过量化的方法收集、分析、处理数据。

2. 访谈法

通过与一线教师访谈，整理、分析访谈资料。受访者按照访谈时间-被访者姓氏-学科（职务）-教龄，依次编码。

（三）研究对象

本报告以北京市中小学专任教师为研究对象，采取目的抽样和整群抽样相结合的方法，选择包括核心城区和郊区在内的 11 个区的中小学教师进行问卷调查。研究结合教师的性别、职称、学段、最高学历、学校所在地、是否为班主任、是否干部等因素，共收集到有效数据 2904 份，问卷有效率为90.21%。教师被试样本的人口学特征如表 1 所示。

表 1　被试样本的人口学特征

单位：人，%

类别		人数	所占比例
性别	男	533	18.4
	女	2371	81.6
是否为班主任	是	1197	41.2
	否	1707	58.8
学段	小　学	2088	71.9
	初　中	810	27.9
	缺失值	6	0.2
职称	未定级	225	7.7
	初　级	916	31.5
	中　级	1144	39.4
	高　级	619	21.3

续表

类别		人数	所占比例
教龄	5 年及以下	579	19.9
	6~15 年	836	28.8
	16~25 年	648	22.3
	25 年以上	841	29.0
学校所在地	城 区	1940	66.8
	乡 镇	562	19.4
	乡 村	402	13.8
是否干部	普通任课教师	2302	79.3
	干 部	602	20.7
最高学历	专科及以下	61	2.1
	本 科	2441	84.1
	研究生	402	13.8
合计		2904	100

注：在学段类别中，选择"无"的人数仅有 6 人，数量较少，故将其设置为缺失值处理。

（四）研究工具

本报告根据我国国家层面颁布的 5 份中小学师德规范、准则内容，即《中小学教师职业道德规范要求》（1984 年）、《中小学教师职业道德规范》（1991 年）、《中小学教师职业道德规范》（1997 年）、《中小学教师职业道德规范》（2008 年）、《新时代中小学教师职业行为十项准则》（2018 年），研制"中小学教师职业道德水平测试问卷（教师问卷）"。因为问卷主体为历年师德规范内容的分析整合，所以问卷具有较高的内容效度。同时，通过信度检验，发现问卷的 Cronbach's α 系数为 0.98，信度良好。

（五）研究实施

研究采用 SPSS 16.0 软件进行描述统计分析、频数统计分析、卡方检验、独立样本 t 检验、单因素方差分析。

三 研究结果

（一）北京市中小学教师职业道德水平基本情况

1. 总体情况

北京市中小学教师职业道德水平较高。在师德维度的 6 个方面平均得分为 4.62 分。得分最高的是专业维度，为 4.71 分；得分第二的是家长维度，为 4.64 分；得分第三的是个人品质与同事维度，两个维度均为 4.63 分；得分第四的是国家维度，为 4.59 分；得分第五的是学生维度，为 4.53 分（见表 2）。

表 2　教师在师德水平 6 个维度中的平均得分

单位：人，分

师德维度	样本数	平均值	标准差
专业维度	2904	4.71	0.61
家长维度	2904	4.64	0.61
个人品质维度	2904	4.63	0.62
同事维度	2904	4.63	0.61
国家维度	2904	4.59	0.70
学生维度	2904	4.53	0.68

（1）专业维度

《中华人民共和国教师法》指出，"教师是履行教育教学职责的专业人员"。教师作为专业人员应该恪守专业法律，树立良好的专业形象。调研发现，在 6 个师德维度中，教师在专业维度上的得分最高（4.71 分）。其中，在"我从来没有给学生进行过有偿补课""我从来没有索要或变相索要过家长的礼物"的题目上，教师得分均为 4.73 分。数据显示，绝大多数北京市中小学教师能够按照教师职业道德规范要求，尽职尽责，勤恳敬业，对工作高度负责，并能够自觉规范专业行为，践行教师育人的专业使命。

（2）家长维度

在家长维度，教师得分较高（4.64分）。事实上，1984年与1991年颁布的中小学师德规范中没有涉及家长维度。1997年我国颁布的《中小学教师职业道德规范》首次增加了对家长维度的要求，内容表述也比较具体。例如，指出了"主动与学生家长联系，认真听取意见和建议，取得支持和配合""不训斥、指责学生家长"等具体表述。2008年颁布的《中小学教师职业道德规范》又提出了"尊重家长"的抽象表述。本报告根据上述规范要求设计题目，教师们在"我没有向任何人泄露过家长的隐私，也不会谈论家长的私人生活"题目上得分为4.70分；在"我从来没有因为学生的错误而斥责过家长"题目上得分为4.66分；在"我能够主动和学生家长沟通交流学生的情况，取得家长的支持和配合"题目上得分为4.57分。这表明多数教师能够尊重家长，并能够主动和学生家长进行沟通和交流。当今社会，家长较为关注学生在学校中的各种表现，也乐于参与学校事务，因此良好的家校沟通就显得尤为重要。教师能够与家长在相互尊重的基础上平等的交流与沟通，不仅是师德的体现，更是新时代教师素养的题中应有之义。

（3）个人品质与同事维度

教师在个人品质和同事维度上的得分也比较高，均为4.63分。由于受传统儒家文化的影响，与其他国家教师专业伦理规范相比，我国师德规范中对教师道德品质的伦理要求较多。例如，教师要知荣明耻、举止文明、作风正派等。我们认为，与其他职业相比，教师个人所应具备的品质可以归纳为同理心、包容心以及行为雅正三个维度，并根据这三个维度设计问卷题目。调查数据显示，北京市多数中小学教师能够达到相关规范对教师个人品质的要求。例如，在"我很注意自己的言行举止，能够做到言行雅正"题目上得分为4.64分；在"我善于站在他人的角度思考问题"题目上得分为4.60分。

在同事维度，数据显示教师集体之间会经常沟通合作，同事关系较为和谐。例如，在"我经常与同事共同备课、讨论问题或交流经验"题目上得

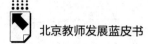
分为 4.58 分；在"我从来没有在学生面前恶意批评过其他同事"题目上得分为 4.70 分；在"我和同事的关系都很好"题目上得分为 4.60 分。由于我国比较重视教研团队的建设，以及"传帮带"、"师徒结对"（新教师拜老教师为师）等文化，教师群体之间的交流合作较多，这也为构建和谐的教师团队文化奠定了基础。

（4）国家维度

教育是国之大计、党之大计。教师要培养社会主义建设者和接班人。在教育教学活动中，教师应自觉贯彻党和国家的教育方针政策，积极传递正能量，不得在教育教学活动中及其他场合有损害党中央权威、违背党的路线方针政策的言行。调查数据显示，北京市中小学教师在国家维度上得分为 4.59 分。其中，在"我从不会有违背党的路线方针政策的言行"题目上得分为 4.63 分。在"我能够在教学中向学生传递积极向上的正能量"题目上得分为 4.61 分。在"我在教学中会自觉贯彻党和国家的教育方针政策"题目上得分为 4.56 分。在"我很清楚在为谁培养人"题目上得分为 4.55 分。调研发现，绝大多数教师有坚定的政治方向，明确要为社会主义培养德智体美劳全面发展的建设者和接班人，能够贯彻党和国家的教育方针政策，积极传递正能量。

（5）学生维度

师生关系是教育伦理关系中最重要的一对关系。和谐的师生关系是教育教学目标达成的基本前提。数据显示，在学生维度中，教师得分为 4.53 分。其中，在"我从来没有因为自己的偏好而优待或冷漠某个学生"题目上得分为 4.58 分；在"我从来没有讽刺、挖苦过学生"题目上得分为 4.53 分；在"我从没有见过身边的同事打骂、讽刺、体罚或变相体罚学生"题目上得分偏低，为 4.49 分。虽然，从数据上看教师在此维度的得分并不低，但是与其他维度相比，此维度得分不高。

2. 不同类别教师在师德发展水平方面的差异分析

研究显示，不同类别教师在总体师德发展水平以及 6 个师德维度的发展水平上具有差异。这主要表现在以下几个方面。

（1）师德水平性别差异检验

本报告对男性教师与女性教师在师德发展水平 6 个维度上进行独立样本 t 检验。数据分析结果显示（见表3），在总体师德水平上，女教师平均得分为 4.65 分，男教师平均得分为 4.49 分。女教师显著高于男教师（$p=0.000$，$p<0.001$）。从不同师德维度来看：第一，在国家维度上，男教师得分为 4.47 分，女教师得分为 4.61 分，女教师显著高于男教师（$p=0.000$，$p<0.001$）；第二，在学生维度上，男教师得分为 4.40 分，女教师得分为 4.56 分，女教师显著高于男教师（$p=0.000$，$p<0.001$）；第三，在专业维度上，男教师得分为 4.57 分，女教师得分为 4.74 分，女教师显著高于男教师（$p=0.000$，$p<0.001$）；第四，在个人品质、同事维度上，男教师得分均为 4.49 分，女教师得分均为 4.66 分，女教师显著高于男教师（$p=0.000$，$p<0.001$）；第五，在家长维度上，男教师得分为 4.50 分，女教师得分为 4.67 分，女教师显著高于男教师（$p=0.000$，$p<0.001$）。

表3 不同性别教师在师德发展水平各维度上的差异

单位：人，分

师德维度	性别	人数	平均值	标准差	卡方	显著性
国家维度	男	533	4.47	0.79	32.35	0.000
	女	2371	4.61	0.68		
学生维度	男	533	4.40	0.74	17.06	0.000
	女	2371	4.56	0.66		
专业维度	男	533	4.57	0.73	66.54	0.000
	女	2371	4.74	0.57		
个人品质维度	男	533	4.49	0.71	51.94	0.000
	女	2371	4.66	0.59		
同事维度	男	533	4.49	0.70	52.84	0.000
	女	2371	4.66	0.58		
家长维度	男	533	4.50	0.70	51.18	0.000
	女	2371	4.67	0.58		
总体师德水平	男	533	4.49	0.68	37.72	0.000
	女	2371	4.65	0.56		

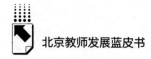

研究表明，女性教师的师德水平在 6 个维度均显著高于男性教师。我们认为，这与男性、女性之间的道德认知和道德判断有关。根据关怀伦理学的观点，"男性在道德判断上倾向于公正的原则和个人权利，女性则考虑关怀和关系"[①]。而在教育教学互动中，教育关系更像是一种关怀关系。与男性教师相比，女性教师更倾向于依据关怀伦理行事，更善于与相关的人与事建立关怀关系。所以，面对性别差异，在具体的师德培训中，应该有意引导男性教师提升关怀品质，引导男性教师与学生、同事、家长等建立一种能被感知的关怀关系，提高男性教师教学的道德敏感性。

（2）师德水平教龄差异检验

本报告分别调查了 5 年及以下、6~15 年、16~25 年、25 年以上教龄阶段的教师，并对不同教龄教师在师德发展水平上的差异进行了单因素方差分析。统计结果显示，在整体师德发展水平上，各教龄段教师并无显著差异。在师德 6 个维度上，国家维度、专业维度、个人品质维度、同事维度、家长维度均无显著差异，只有学生维度存在显著差异（$p = 0.001$，$p < 0.01$）（见表 4）。在学生维度上，得分最高的是教龄 5 年及以下的教师，为 4.59 分；得分第二的是教龄为 6~15 年的教师，为 4.57 分；得分第三的是教龄为 16~25 年的教师，为 4.53 分；得分第四的是教龄为 25 年以上的教师，为 4.46 分。学生维度的得分与教龄长短呈现负相关关系。通过多重分析发现，在学生维度上，教龄在 25 年以上的教师得分显著低于其他教龄阶段教师。具体来看，教龄 5 年及以下教师的得分显著高于 25 年以上教师（$p = 0.000$，$p < 0.001$）；教龄 6~15 年教师的得分显著高于 25 年以上教师（$p = 0.000$，$p < 0.001$）；教龄 16~25 年教师的得分显著高于 25 年以上的教师（$p = 0.05$，$p < 0.05$）。

---

① 檀传宝等：《教师德育专业化读本——关怀教育学与关怀关系的建立》，教育科学出版社，2012。

表4 不同教龄教师在学生维度上的差异

单位：人，分

师德维度	教龄	人数	平均值	标准差	卡方	显著性
学生维度	5年及以下	579	4.59	0.67	5.68	0.001
	6~15年	836	4.57	0.64		
	16~25年	648	4.53	0.68		
	25年以上	841	4.46	0.72		

通过数据分析发现，教龄在5年及以下的教师在学生维度上的得分显著高于其他教龄阶段的教师。这与访谈材料能够相互佐证。例如，访谈中一位教师说："我在刚当老师的那几年，对学生特别好，感觉自己很有激情，我能及时发现学生的问题，也能特别耐心地帮助他们……当时有个孩子父母离异导致学习成绩下滑，我就天天给他写信鼓励他……我现在做不到了。"（20221129-L-语文-14年）当研究者追问："为什么现在做不到了？"该教师说："那时候刚工作，感觉自己能帮助别人就特别高兴；现在时间长了，自己精力也不够用了，琐碎的事务性工作太多，感觉自己有点倦怠了，还要照顾自己的家庭和孩子，没有精力像以前那样对待学生了。"（20221129-L-语文-14年）

事实上，教师对待学生态度的变化比较符合司德菲提出的教师生涯发展模式。司德菲以人文主义心理学的自我实现理论为基础，探讨了教师在整个职业生涯发展过程中所呈现的阶段性发展规律。他将教师的发展分为五个阶段，其中第一阶段为入职前4年，他认为这一阶段教师的总体特点是初为人师，积极热情、努力上进、有活力。那么，我们如何帮助教师保持初入职阶段的上进与活力呢？本报告认为，从外部环境来讲，学校应该努力构建有利于教师发展的专业文化，教师文化建设必须体现以教师为本，尊重和关爱每一位教师，破解教师产生职业倦怠的难题，让教师始终能够体验到教育教学的成就感和幸福感。

（3）师德发展水平的城乡差异

本报告分别调查了城区、乡镇、乡村教师的师德发展水平，并进行了单因素方差分析。统计结果显示（见表5），在总体师德水平上，城区教师得分为4.65分，乡镇、乡村教师得分均为4.57分，城区教师显著高于乡镇、乡村教师（$p=0.004$，$p<0.01$）。师德各维度的差异如下。第一，在国家维度上，城区教师得分为4.61分，乡镇教师得分为4.56分，乡村教师得分为4.52分，城区教师得分显著高于乡村教师（$p=0.030$，$p<0.050$），不显著高于乡镇教师。第二，在学生维度上，城区教师得分为4.57分，乡镇教师得分为4.46分，乡村教师得分为4.45分，城区教师得分显著高于乡镇、乡村教师（$p=0.000$，$p<0.001$）。第三，在专业维度上，城区教师得分为4.73分，乡镇教师得分为4.66分，乡村教师得分为4.68分，城区教师得分显著高于乡镇教师（$p=0.040$，$p<0.050$），不显著高于乡村教师。第四，在个人品质维度上，城区教师得分为4.66分，乡镇教师得分为4.58分，乡村教师得分为4.60分，城区教师得分显著高于乡镇教师（$p=0.015$，$p<0.050$），不显著高于乡村教师。第五，在同事维度上，城区教师得分为4.66分，乡镇教师和乡村教师得分均为4.57分，城区教师得分显著高于乡镇与乡村教师（$p=0.001$，$p<0.010$）。第六，在家长维度上，城区教师得分为4.66分，乡镇教师得分为4.59分，乡村教师得分为4.61分，城区教师得分显著高于乡镇教师（$p=0.025$，$p<0.050$）（见表5）。

表5　城乡教师在师德发展水平各维度上的差异

单位：人，分

师德维度	城乡	人数	平均值	标准差	卡方	显著性
国家维度	城区	1940	4.61	0.68	3.36	0.030
	乡镇	562	4.56	0.69		
	乡村	402	4.52	0.79		
学生维度	城区	1940	4.57	0.67	8.80	0.000
	乡镇	562	4.46	0.67		
	乡村	402	4.45	0.72		
专业维度	城区	1940	4.73	0.59	3.17	0.040
	乡镇	562	4.66	0.63		
	乡村	402	4.68	0.65		

师德维度	城乡	人数	平均值	标准差	卡方	显著性
个人品质维度	城区	1940	4.66	0.60	4.21	0.015
	乡镇	562	4.58	0.63		
	乡村	402	4.60	0.67		
同事维度	城区	1940	4.66	0.59	6.70	0.001
	乡镇	562	4.57	0.61		
	乡村	402	4.57	0.65		
家长维度	城区	1940	4.66	0.60	3.71	0.025
	乡镇	562	4.59	0.62		
	乡村	402	4.61	0.64		
总体师德水平	城区	1940	4.65	0.57	5.47	0.004
	乡镇	562	4.57	0.59		
	乡村	402	4.57	0.63		

从城乡差异来看，城区教师得分普遍高于乡镇与乡村教师。部分原因是城区教师接受专业培训的机会比乡镇、乡村教师要多。所以，今后应进一步加大对乡镇、乡村教师的师德培训力度，通过政策解读、案例详解的形式，向教师展现新时代教师应具备的职业道德素养。

（4）师德水平的岗位差异

本报告根据岗位差异将教师群体分为普通任课教师、干部（包括教研组长、年级组长、中层干部、校级干部）两类，并通过独立样本 t 检验进行了差异分析。统计结果显示（见表6），在总体师德水平上，干部得分为4.70分，普通任课教师得分为4.60分，干部显著高于普通任课教师（$p = 0.000$，$p < 0.001$）。各师德维度的差异如下。第一，国家维度。干部得分为4.68分，普通任课教师得分为4.56分，干部得分显著高于普通任课教师（$p = 0.000$，$p < 0.001$）。第二，学生维度。干部得分为4.58分，普通任课教师得分为4.52分，干部得分显著高于普通任课教师（$p = 0.000$，$p < 0.001$）。第三，专业维度。干部得分为4.78分，普通任课教师得分为4.69分，干部得分显著高于普通任课教师（$p = 0.000$，$p < 0.001$）。第四，个人品质维度。干

部得分为 4.71 分，普通任课教师为 4.61 分，干部得分显著高于普通任课教师（$p=0.000$，$p<0.001$）。第五，同事维度。干部得分为 4.71 分，普通任课教师为 4.61 分，干部得分显著高于普通任课教师（$p=0.000$，$p<0.001$）。第六，家长维度。干部得分为 4.72 分，普通任课教师得分为 4.62 分，干部得分显著高于普通任课教师（$p=0.000$，$p<0.001$）。

表6 不同岗位教师在师德发展水平各维度上的差异

单位：人，分

师德维度	岗位	人数	平均值	标准差	卡方	显著性
国家维度	干部	602	4.68	0.61	35.38	0.000
	普通任课教师	2302	4.56	0.72		
学生维度	干部	602	4.58	0.60	18.36	0.000
	普通任课教师	2302	4.52	0.70		
专业维度	干部	602	4.78	0.51	26.30	0.000
	普通任课教师	2302	4.69	0.62		
个人品质维度	干部	602	4.71	0.51	39.93	0.000
	普通任课教师	2302	4.61	0.64		
同事维度	干部	602	4.71	0.50	43.35	0.000
	普通任课教师	2302	4.61	0.63		
家长维度	干部	602	4.72	0.52	27.93	0.000
	普通任课教师	2302	4.62	0.63		
总体师德水平	干部	602	4.70	0.49	35.01	0.000
	普通任课教师	2302	4.60	0.61		

从数据分析结果来看，干部在师德水平的各个维度都显著高于普通任课教师。访谈中一位副校长说："我们经常学习新的政策文件，有什么新的文件，我们都会及时学习。我们也会按照要求组织师德培训。"（20221208-W-副校长-15年）通常来讲，具有行政职务的教师对教育政策的敏感性更高，他们能够及时学习政策文件，政治觉悟也更高一些。在师德建设中，应积极发挥干部的引领辐射作用，通过干部的引导提升全校教师的师德水平。

（5）师德水平的学历差异

本报告考察了专科及以下、本科、研究生学历教师的师德情况，并进行了单因素方差分析。统计结果显示（见表7），在总体师德水平上，本科学历教师得分最高，为4.63分；其次是研究生学历教师，得分为4.61分；最后是专科及以下学历教师，得分为4.45分。本科学历、研究生学历教师得分显著高于专科及以下学历教师。不同师德维度的得分情况如下。第一，国家维度。本科学历教师最高，为4.59分；研究生学历得分为4.58分；专科及以下学历教师得分为4.42分。第二，学生维度。本科、研究生学历教师得分均为4.54分，专科及以下学历教师得分为4.37分。第三，专业维度。本科学历教师得分最高，为4.71分；研究生学历教师得分为4.68分；专科及以下学历教师得分为4.56分。第四，个人品质维度。本科学历教师得分最高，为4.64分；研究生学历教师得分为4.61分；本科及以下学历教师得分为4.46分。第五，同事维度。本科学历教师得分为4.63分，研究生学历教师得分为4.62分，专科及以下学历教师得分为4.45分。第六，家长维度。本科学历教师得分为4.65分，研究生学历教师得分为4.62分，专科及以下学历教师得分为4.44分。本科学历教师、研究生学历教师显著高于专科及以下学历教师（$p=0.019$，$p<0.05$）。由表7可知，不同学历教师的师德水平，除了家长维度外，其他维度均无显著差异。

表7 不同学历教师在师德发展水平各维度上的差异

单位：人，分

师德维度	城乡	人数	平均值	标准差	卡方	显著性
国家维度	专科及以下	61	4.42	0.74	1.80	0.165
	本科	2441	4.59	0.70		
	研究生	402	4.58	0.68		
学生维度	专科及以下	61	4.37	0.76	1.88	0.153
	本科	2441	4.54	0.68		
	研究生	402	4.54	0.75		
专业维度	专科及以下	61	4.56	0.79	2.26	0.105
	本科	2441	4.71	0.60		
	研究生	402	4.68	0.71		

续表

师德维度	城乡	人数	平均值	标准差	卡方	显著性
个人品质维度	专科及以下	61	4.46	0.71	2.84	0.059
	本科	2441	4.64	0.61		
	研究生	402	4.61	0.62		
同事维度	专科及以下	61	4.45	0.73	2.82	0.060
	本科	2441	4.63	0.60		
	研究生	402	4.62	0.60		
家长维度	专科及以下	61	4.44	0.74	3.95	0.019
	本科	2441	4.65	0.60		
	研究生	402	4.62	0.61		
总体师德水平	专科及以下	61	4.45	0.70	2.87	0.057
	本科	2441	4.63	0.58		
	研究生	402	4.61	0.58		

从数据分析结果来看，本科学历、研究生学历教师得分都高于专科及以下学历教师，但是学历高低对师德水平的影响并不显著。

（6）师德水平在是否为班主任方面的差异

本报告通过独立样本 t 检验考察班主任教师与非班主任教师在师德发展水平方面的差异。统计结果显示（见表8），在总体师德水平方面，班主任教师得分为 4.65 分，非班主任教师得分为 4.60 分。班主任教师得分虽然高于非班主任教师，但二者在总体师德水平方面差异并不显著。各个维度的差异情况如下。第一，国家维度。班主任教师得分为 4.60 分，非班主任教师得分为 4.58 分。第二，学生维度。班主任教师得分为 4.57 分，非班主任教师得分为 4.50 分。第三，专业维度。班主任教师得分为 4.72 分，非班主任教师得分为 4.70 分。第四，个人品质维度。班主任教师得分为 4.65 分，非班主任教师得分为 4.62 分。第五，同事维度。班主任教师得分为 4.66 分，非班主任教师得分为 4.61 分。第六，家长维度。班主任教师得分为 4.68 分，非班主任教师得分为 4.62 分。由表8可知，班主任教师在同事维度与家长维度的得分显著高于非班主任教师。

表8 是否为班主任教师在师德发展水平各维度上的差异

单位：人，分

师德维度	是否为班主任	人数	平均值	标准差	卡方	显著性
国家维度	是	1197	4.60	0.69	1.305	0.253
	否	1707	4.58	0.70		
学生维度	是	1197	4.57	0.67	2.921	0.088
	否	1707	4.50	0.68		
专业维度	是	1197	4.72	0.59	1.258	0.262
	否	1707	4.70	0.62		
个人品质维度	是	1197	4.65	0.60	1.278	0.258
	否	1707	4.62	0.62		
同事维度	是	1197	4.66	0.59	4.358	0.037
	否	1707	4.61	0.61		
家长维度	是	1197	4.68	0.59	4.195	0.041
	否	1707	4.62	0.62		
总体师德水平	是	1197	4.65	0.58	0.818	0.366
	否	1707	4.60	0.59		

在日常的教育教学生活中，班主任是在学校里与学生相处时间最长的教师。班主任教师还需要与其他任课教师紧密联系、通力合作，需要与学生的家长密切联系。所以，班主任教师在同事维度与家长维度的得分显著高于非班主任教师有其必然性。通常来讲，班主任教师对学生的思想、价值观等方面的影响较大。所以在师德建设中，应全面提升班主任群体的师德水平，积极发挥班主任引领学生全面发展的关键作用。

四　经验与挑战

（一）北京市中小学师德建设经验

师德师风建设长期以来都是我国教师队伍建设的重要内容。党的十八大以来，北京市委教工委、北京市教育委员会等各级部门陆续印发了关于教师

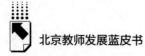

队伍建设及师德师风建设的重要文件（见表 9），为北京市师德师风建设提供了多方面的指导，为促进师德师风建设营造了良好的制度环境。

表 9　党的十八大以来北京市印发的关于教师队伍建设及师德师风建设的重要文件

序号	名称	文号
1	《关于建立健全北京市中小学师德建设长效机制的实施意见》	京教工〔2016〕4 号
2	《关于加强北京市中小学校党的建设工作的意见》	京组通〔2017〕39 号
3	《关于加强中小学校和在职中小学教师有偿补课长效治理工作的意见》	京教督〔2017〕1 号
4	《关于开展 2018 年"做新时代'四有'好老师和'四个引路人'"学习实践活动方案》	京教工〔2018〕14 号
5	《中共北京市委　北京市人民政府关于全面深化新时代教师队伍建设改革的实施意见》	京发〔2018〕25 号
6	《新时代北京市中小学教师职业行为十项准则》	京教工〔2019〕34 号
7	《北京市中小学教师师德考核办法》	京教工〔2019〕34 号
8	《北京市中小学教师违反职业道德行为处理办法》	京教工〔2019〕34 号
9	《关于进一步加强和改进新时代师德师风建设的若干措施》	京教工〔2020〕77 号
10	《北京市新时代基础教育强师计划实施方案》	京教人〔2022〕21 号

第一，在中小学教师师德师风建设方面，北京市具有健全的师德建设长效机制。例如，在《关于建立健全北京市中小学师德建设长效机制的实施意见》中指出，师德师风建设融入教育教学管理全过程、各环节。完善教育、宣传、考核、激励、监督和惩处一体化、全流程工作机制，实行师德师风考核一票否决制度，积极建设风清气正的教育生态。第二，北京市中小学师德师风建设坚持党建引领，着力提升教师思想政治素质。将思想政治和师德师风建设内容作为教师培训必修课，对中小学教师开展社会主义核心价值观与中华传统文化全员培训。2022 年颁发的《北京市新时代基础教育强师计划实施方案》（以下简称《方案》）进一步指出："坚持教育者先受教育，强化思想铸魂，将习近平新时代中国特色社会主义思想融入教师培养培训课程，将习近平总书记关于教育的重要论述作为首要必修课程。"第三，

坚持改革创新，以实践引领师德建设。例如，北京市各级各类学校积极开展"做新时代'四有'好老师和'四个引路人'"等学习活动；同时，《方案》具体指出应"通过榜样引领、情景体验、实践教育、师生互动等形式，激发教师涵养师德的内生动力"，不断探索师德教育的新形式。第四，不断健全师德考核长效机制。科学制定了《新时代北京市中小学教师职业行为十项准则》《关于加强中小学校和在职中小学教师有偿补课长效治理工作的意见》《关于开展师德建设长效机制贯彻落实专项督查的通知》等规范性文件，建立了中小学教师校外有偿补课专项检查制度，通过"减负"监测等方式开展专项检查。设立北京市师德失范曝光平台，持续进行违反教师职业行为十项准则典型案例通报，提高警示教育实效性。在师德师风建设中，北京市从行为规范、考核办法、处理办法等方面形成了师德师风建设的闭环管理制度体系，推动了师德师风建设的常态化、长效化。第五，相关文件强调加强师德榜样的宣传和加大表彰力度，提高教师社会责任感与幸福感。2022年颁布的《方案》进一步指出："完善教师荣誉表彰制度，加大优秀教师典型表彰宣传力度，建立新教师入职宣誓制度和教师师德承诺制度，增强教师的职业荣誉感、使命感和社会责任感。"近年来，北京市逐步开展系列展示师德师风的活动。例如，2018年9月9日，北京市委教育工委、北京市教委举办了"春风化雨 桃李成林"主题文艺展演活动，此活动展示了新时代各级各类教师的师德师风，营造了尊师重教的良好氛围。另外，近年来依托北京电视台制作《非常向上——开学第一课》，让更多人了解教师的故事。同时，北京市还通过先进事迹报告会、电视访谈等形式，开展学习、宣传全国教书育人楷模、北京市人民教师等活动。积极的正向展示与宣传，有助于社会大众了解教师的工作，不仅能够让教师体验到工作的价值感和使命感，也有利于社会形成尊师重教的风气。

（二）"双减"背景下北京市中小学师德建设的挑战

当今，中国特色社会主义进入了新时代，我国社会的主要矛盾是人民日益增长的美好生活需要和不平衡不充分的发展之间的矛盾。这反映在教育领

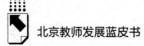

域，就是人民对高质量教育的追求与教育资源不均衡、教育质量发展不充分之间的矛盾。

2021 年，我国印发了《关于进一步减轻义务教育阶段学生作业负担和校外培训负担的意见》（以下简称"双减"）。发布"双减"政策的目的在于提质增效，减轻学生负担，营造良好的教育生态环境。为了配合"双减"工作，优化区域教育资源配置，加快建设高质量教育体系，北京市大面积、大比例推进干部教师的交流轮岗工作。2022 年 11 月，北京市印发了《关于深化推进义务教育学校教师交流轮岗工作的若干措施》（以下简称《措施》）（京教人〔2022〕19 号），指出："切实提高教师交流轮岗的实效性，大力推进符合交流轮岗条件的教师全职交流轮岗。力争用 3 年时间实现符合条件的教师应交流尽交流，探索建立起常态化交流轮岗机制。"教师的交流轮岗工作能够促进区域内教育资源的均衡配置，让优秀教师的智慧辐射到更广泛的区域，惠及更多的学生，有利于优质教育资源的均衡分配，能够满足人民群众对优质教育资源的向往。在全面推进教师交流轮岗的政策背景下，师德师风建设需要关注以下几个问题。

第一，在师德师风建设过程中，应进一步关注教师情绪，体现人文关怀。北京市在全面推进实施义务教育学校教师交流轮岗的工作中，大部分教师会面临交流轮岗的新任务。在引导鼓励教师根据政策要求参与交流轮岗工作时，应充分考虑教师主观意愿，尊重教师选择的权利，让教师乐于交流。教师只有乐于去新的岗位教学，才能够全身心投入新岗位、新工作。如果教师是"迫于无奈"或"心有疙瘩"地去交流，则不利于教师专业能力的发挥。访谈中有老师说："我因为家庭（照顾生病老人和高考的孩子），是不愿意交流轮岗的，但是没办法，时间到了就要轮了，也没人商量，就直接安排去这个学校了，要是能和我商量一下，民主一些就好了。"（20220409-W-语文-17 年）同时，在学校师德培训中，应关注交流轮岗教师的情绪问题，重视消极情绪的转化和引导，同时通过组织教师集体教研等形式，帮助交流教师尽快融入新的集体，让交流轮岗教师体验到归属感和责任感，主动发挥其专业引领作用。

第二，组织开展的师德师风培训应更具有针对性。教师在不同学校之间进行交流轮岗，必然会遇到一些新的问题。例如，访谈中有教师道："从山区到三小，学生人数增多，刚开始不适应。而且城里孩子见多识广，我必须做好充分的准备。"（20220409-F-综合-19 年）。城乡学校差异较大，城乡学校之间的家长素质、学生学习基础等都存在一定差异。交流轮岗教师需要依照差异及时调整教育教学策略和家校沟通方式方法。另外，在同事关系维度方面，学校应加强教师之间的沟通与合作，让交流轮岗教师能够很好的融入新的集体，与新同事加强合作与研讨，提高教师团队的专业力量。所以，在交流轮岗政策背景下，北京市的师德建设也应针对家校关系、师生关系、同事关系等开展相应的培训，提高教师处理相关伦理关系的专业性。

第三，师德建设应进一步加大宣传力度，让教师体验到被需要、被认可、被尊重，保障交流轮岗教师最大限度地在新岗位发挥作用。当前北京市推进教师交流轮岗工作的目的是推进骨干教师均衡配置，希望骨干教师能够发挥引领与辐射作用。同时，新政策下的交流轮岗强调具有"优质教育服务属性"的教师在学区内、集团内部交流轮岗，通过教师人力资源的二次调配，让优质教育资源和教育服务惠及每个孩子，促进"双减"目标的实现。调研发现，基于学校实际需求而精准选派具有优质教育服务属性的教师参加交流轮岗，不仅能够为学生补全优质资源，促进学生的发展，还能够激励、鞭策教师跳出舒适圈，进一步实现自我价值；同时还能够发挥具有优质教育服务属性教师的带动、引领、辐射作用，促进学校教育质量的提升，实现学生、教师、学校"三赢"。例如，陈老师是史家教育集团的一名国画教师，由于本部国画教师充足，而集团内实验校区没有国画教师，她便作为具有"优质专业属性"的教师交流到实验校区。① 陈老师表示："我到实验校区能够给学生带来资源（国画课程），学生的受益面扩大了。另外，参加交流轮岗也让我跳出舒适圈，这对我自己来说也是一种鞭策和学习。"目前，

① 来源于访谈资料（20211110-C-美术-6 年）。

在陈老师的带领下，实验校区已经有了国画教学团队，打造了品牌和特色。不仅如此，在"双减"工作中，陈老师面向全校的不同年级开设了一周三次的课后服务，有效提升了学校课后服务的质量。她说："目前，学生和家长对国画课的认可度特别高，下课后学生都不愿意走。现在只要学校老师开班，家长就把学生的课外辅导班都退了。"（20211110-C-美术-6 年）所以，在交流轮岗工作中，学校应积极宣传典型案例，让教师体验到自身工作的价值感和意义感。

第四，在师德建设过程中，应切实保障教师的权益，对于具有突出贡献的教师应给予相应的精神表彰和物质奖励。"双减"工作是党中央从"两个大计"的高度做出的重大决策部署，事关学生健康成长，事关教育高质量发展，事关国家和民族的未来。当前，北京市各中小学校都将"双减"工作、干部教师交流轮岗作为"为民办实事"的生动实践，广大教师群体肩负重大使命。然而，研究发现由于不同学校之间存在绩效工资、岗位结构等差异，有部分优秀教师交流到薄弱学校后，绩效工资和岗位级别都有所下降，这一现象会对参加交流轮岗的教师产生负面影响。这种"德福不一致"的情况，也有可能催生教师群体的平庸化倾向，不利于师德师风建设。教师作为一个人，一个活生生的个体，同样有作为人的一切生命属性，有自己的物质需求、情感需要和精神追求。所以，在师德师风建设中，在积极引导教师认识"双减""交流轮岗"工作重要性的同时，应帮助教师突破校际绩效工资结构、岗位结构、职称结构等方面的制度性障碍。确保参与交流轮岗的优秀教师在生活环境和薪资待遇方面不受损失。若因无法突破校际制度性障碍导致参与交流轮岗的优秀教师实际获得相对减少（如收入减少），集团内部可单独设立物质奖项，尽可能弥补教师因流动而带来的损失。同时，区域、集团或学区可以根据实际情况，为参与交流轮岗的教师设立年度"优秀专业服务奖""优秀育人服务奖""优秀教育研究服务奖"等荣誉，奖励对学校的发展和学科建设产生积极影响的交流轮岗教师，从而激发教师的教育情怀，激励更多的优秀教师积极主动地参加交流轮岗。

五　对策与建议

（一）转变师德认知：从"道德枷锁"转向"为己之学"

受传统儒家文化的影响，我国社会对从事教师职业的人具有较高的道德要求。所以，一提到师德，就意味着教师要成为道德高尚、无私无畏的道德圣人。在师德培训中，师德榜样也多为"道德榜样"，即牺牲自己的生活，照亮他人的典范教师。在崇高道德的引导下，师德似乎成为一道沉重的"道德枷锁"，"然而，圣人总是极少数，而常人才是绝大多数。因此，倡导或鼓励教师以成圣为己任的崇高道德缺乏普遍性和有效性，既不符合常理（人应该有追求自身利益的权利），也不顺应常情（人总是具有追求自身利益的本性）"①。以道德宣教、灌输为主的师德建设，往往会让教师产生逆反心理，不利于教师真正认识师德的内涵及发挥师德对教育教学的促进作用。

我们认为，当前师德建设应该转变教师对师德的认识。师德培训应该向教师指明一个朴素的道理，即"有德者必有福"，良好的教师职业道德是提高教师职业幸福感的必由之路。师德不是对教师"个人"提出的道德要求，而是对教师"职业"所提出的伦理要求。师德培训不是给教师上一把又一把"道德枷锁"，也不是简单的对教师提出各种道德要求，而是帮助教师在教育场域下，提高处理各方面关系的能力。在教育教学过程中，除了教师的专业能力以外，教师所面对的各种伦理关系也是促进教育教学成功的关键因素，例如，师生关系、同事关系、家校关系等。通过师德培训能够帮助教师更好地处理与学生、家长、同事之间的关系，帮助教师专注于自己的专业成长，享受工作的乐趣。只有当教师真正认识到提高职业道德是"为己之

---

① 杜时忠、杨坚：《师德建设正义优先——再谈师德建设的转向》，《国家教育行政学院学报》2022年第9期。

学"，才能够放下心理戒备以及对道德说教的腻烦，进而甘之如饴地接受并学习专业伦理规范的要求，提高自己的师德水平。

（二）提高反思能力：从"理所当然"转向"三省吾身"

道德实践的最高目标是从他律转向自律。在丰富的教育教学生活中，教师一定会遇到各种各样的问题，甚至会遇到许多道德两难的问题。我们认为，教师所遇到的问题，正是教师职业道德的生长点。教师如何面对、处理问题，是其教育智慧以及职业道德的集中体现。我们建议，教师可以通过"教育叙事"的方式，提高反思能力，通过对自己教育教学行为的反思，提高自身的道德实践能力。

在访谈中，一位教师说："当学生屡教不改的时候，我真的很心烦。有一次上课，有个孩子总是钻到桌子底下，我说了他好多次他还是不听，我没忍住，把他从桌子底下揪出来，拽着他领子打了他两下。……事后，我有点后悔，感觉自己冲动了，我也在想，非要和学生动手吗？不动手不能解决这类问题吗？"（20221201-Z-语文-12 年）事实上，类似上述的情境在学校场域中经常发生，面对调皮捣蛋的学生，多数教师会感到生气、控制不住情绪，也会理所当然地训斥学生。然而，当冷静下来，重新回到问题情境时，很多教师也会对自己的行为进行反思，这种反思就是自我叙事的前提。"教师的自我叙事是教师将教育生活中发生的具体事件描写或口述出来，在叙事的过程中回忆关键性的场景，重新体验自己在教育情景中所经历的情感纠结与取舍，进而把握触及心灵的瞬间感受，觉察存在于心灵之中的天然道德情感。"①

教师的自我叙事能够帮助教师回溯情境，反思自己的行为，提高自我的内在洞察力，进而建构内在的道德秩序。可以说，教师道德行为具有内在生成性。从道德他律转向自律的过程需要教师在教育教学中遇到问题时，少一

---

① 陈黎明：《教师道德行为发生的动因、特性及其实现路径——基于教育现象学的研究视角》，《教师发展研究》2021 年第 4 期。

些不加思考的"理所当然"，多一些自觉的"三省吾身"。只有这样，教师才能够在纷繁复杂的教育生活中，践行专业道德，不断成长为具有专业道德的教师。

（三）践行专业伦理：从"单向度道德律令"转向"多维度伦理实践"

新时代的师德建设，不仅是对教师个人品质的单向度道德律令，还是指向教师多维度的专业伦理实践。根据以往研究，我们认为，教师专业伦理规范包含六个维度：国家维度、学生维度、专业维度、个人品质维度、同事维度、家长维度。新时代教师需要在以上六个维度中践行专业伦理要求。我们建议，师德培训应围绕以上六个维度进行，指导教师进行多维度的伦理实践。

第一，在国家维度，应进一步组织教师学习"习近平总书记关于教育的重要论述"等重要内容，引导教师深入理解教师职业的国家使命和社会责任。进一步加强国家认同、教育理想等师德主题培训，引导青年教师坚定理想信念，筑牢教师的信仰根基。第二，在学生维度，组织教师学习学生身心发展规律、师生沟通技巧等相关知识，为教师构建和谐的师生关系提供专业支持。第三，在专业维度，引导教师认识教育职业的特殊性，不断提高教师的专业素养。第四，在个人品质维度，引导教师不断反思自身行为，培养教师的宽容心、同理心。第五，在同事维度，引导教师之间交流合作、互通有无，在相互学习中共同促进学生的发展。第六，在家长维度，组织教师学习人际沟通技巧、家校沟通策略、家庭教育指导理念等内容，帮助教师与学生家长建立和谐关系。总之，师德建设应以六个维度为核心，将政策文件要求与教师需求相结合，提高师德培训的针对性。同时，进一步优化师德培训形式，提高培训的吸引力和实效性。

（四）关注师德评价：从"评定"转向"发展"

师德评价是师德建设的关键一环。当前我国各级各类学校都实行师德一票否决制。可见师德评价的重要性。然而，师德评价的终极目的不是针对教师的某一行为进行定性评价，而是通过评价促进师德水平的提升。所以，师德评价应该是增值性评价。我们建议，各市级教育行政部门依托科研院所构建中小学教师师德评价指标体系，编制符合教师专业特点的师德评价量表。指标体系应以师德规范内容为框架，将师德规范所涵盖的六个维度作为基本测评维度，在六个维度下设计具体测试题目。同时，在编制教师自评量表的基础上同步编制学生测评量表、家长测评量表。在此基础上，建立常态化师德发展水平数据库。当前师德师风建设较为关注师德典范的宣传和对教师失范行为的惩处，在很大程度上忽视了占教师队伍大多数的普通教师的常态师德，导致师德评价脱离大多数教师的日常教育教学生活而流于形式，实效性不强。据此，建议各市区教育行政部门面向区域内全体教师开展年度师德发展水平监测工作，建立区级年度常态化师德发展水平数据库。各区可将年度区域内师德发展情况反馈给各学校，为下一年度的区级、校级师德建设提供基本依据。

B.3
"双减"背景下教师专业发展研究报告

王伊雯　赖德信*

摘　要：　"双减"政策的实施对教师的管理方法、教学模式、作业管理办法以及课后服务等专业能力均提出了新的要求。衡量教师专业发展面临的主要挑战，能够清晰反映新形势下教师专业能力的不足与教学服务中遇到的困难，有针对性地采取优化措施，有效提高学校和区域教师队伍建设水平。本报告以教学构建、作业设计、课后服务、专业提升四个维度为分析框架，考察了"双减"背景下北京市中小学教师专业发展面临的挑战。本报告通过对北京市 11 个区中小学教师进行问卷调查，共收集到有效数据 4210 份。研究发现，"双减"政策的实施增加了北京市中小学教师的工作强度，提高了作业设计、课后服务等任务的难度，导致教师难以适应，并缺乏时间和精力提升专业能力。建议新时代在"双减"背景下，进一步优化教师工作细则，提高教师工作效率，多渠道缓解教师工作压力，促进教师专业能力提升。

关键词：　"双减"　教师教学能力　教师专业发展　中小学

一　研究背景

2021 年，中共中央办公厅、国务院办公厅印发的《关于进一步减轻义务教育阶段学生作业负担和校外培训负担的意见》对"双减"工作做出了重要决策部署，要求学校教育教学质量和服务水平进一步提升，作业布置更

---

* 王伊雯，北京教育科学研究院教师研究中心实习研究员，博士，研究方向为教师教育、教育财政；赖德信，北京教育科学研究院教师研究中心副研究员，研究方向为教师政策、教师教育。

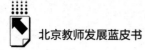

加科学合理，学校课后服务基本满足学生需要，为新时代学校管理、教师工作的优化指明了方向，同时也将不可避免地对教师的专业能力提出新的要求。教师专业工作不仅是教学、育人和服务等专业目标实现的过程，也是教师精神、教师知识、教师能力等专业基础运用的过程，中小学教师专业发展对我国基础教育质量提升有着关键作用。教师专业发展包括教师职业的专业能力发展和专业培训发展。[①] 因此，本报告主要从教学构建、作业设计、课后服务、技能提升四个方面分析"双减"背景下教师工作中面临的主要挑战，考察目前北京市中小学教师专业能力应对"双减"存在的主要不足与诉求，力图科学、客观地识别和分析这一政策给教师专业发展带来的问题，并提出相应的政策建议。

二　研究设计

（一）研究问题

一是"双减"政策给教师专业发展带来的主要挑战。二是"双减"政策对不同岗位教师专业能力发展的影响。三是提高中小学教师专业能力的策略分析。

（二）研究方法

1.问卷调查法
制定并发放问卷，通过量化的方法收集、分析、处理数据。
2.访谈法
通过与一线教师访谈，整理、分析访谈资料。受访者按照访谈时间-被访者姓氏-学科（职务）-教龄，依次编码。

---

① 陈永明等：《当代教师读本》，中国人民大学出版社，2008。

（三）研究对象

本报告以北京市中小学专任教师为研究对象，采取目的抽样和整群抽样相结合的方法，选择包括核心城区和郊区在内的 11 个区的中小学教师参与问卷调查。研究结合教师的性别、职称、学段、最高学历、学校所在地、岗位、是否为班主任等因素，共收集到有效数据 4210 份，问卷有效率为93.6%。被试样本的人口学特征如表 1 所示。

表 1　被试样本的人口学特征

单位：人，%

类别		人数	所占比例
性别	男	771	18.3
	女	3439	81.7
是否班主任	是	1818	43.2
	否	2392	56.8
学段	小学	2926	69.5
	初中	1227	29.1
	跨学段（小学与初中）	19	0.5
	跨学段（初中与高中）	38	0.9
职称	未定级	351	8.3
	初级	1281	30.4
	中级	1692	40.2
	高级	886	21.0
学校所在地	城区	2968	70.5
	乡镇	786	18.7
	乡村	456	10.8
岗位	普通教师	3320	78.9
	教研组长/学科组长	493	11.7
	年级组长	169	4.0
	中层干部	174	4.1
	校级干部	54	1.3
最高学历	专科及以下	73	1.7
	本科	3438	81.7
	研究生	699	16.6
合计		4210	100.0

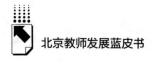

（四）研究工具

研究采用 SPSS 16.0 软件进行描述统计分析、频数统计分析、交叉表分析、平均值比较。

三　研究结果

（一）"双减"政策给教师专业发展带来的主要挑战

"双减"政策的实施，对教师的课堂管理方法、教学模式、作业管理办法以及课后服务均提出了新的要求。评估"双减"给教师专业能力带来的主要挑战，能够清晰地反映当下教师在落实"双减"政策中面临的普遍困难，为教师专业发展提供精准帮助。

"双减"政策实施后，如表 2 所示，小学教师在 8 项挑战上，85.50%的教师认为该政策的实施延长了工作时间；86.36%的教师认为工作量有明显增加，说明教师工作强度增加；66.78%的教师面临更高的作业设计挑战；71.32%的教师认为更高要求的课堂教学能力对其具有一定挑战；72.99%的教师面临更高的课后服务要求；57.67%的教师认为家校合作困难，家长要求提高，说明"双减"政策的实施对教师与家长沟通交流能力有更高要求；52.93%的教师认为压缩了教师专业发展时间，教师专业能力不够，无力应对教改和课后服务质量的双高需求；仅有 1.64%的教师认为完全没有挑战。这说明"双减"政策对教师的新要求给大部分小学教师的专业能力带来了多元挑战。

初中教师在 8 项挑战上，76.06%的教师认为该政策的实施延长了工作时间；77.93%的教师认为工作量有明显增加；70.36%的教师面临更大的作业设计挑战；71.34%的教师认为更高要求的课堂教学能力对其具有一定挑战；68.32%的教师面临更高的课后服务要求；50.49%的教师认为家校合作困难，家长要求提高；43.65%的教师认为压缩了教师专业发展时间，教师专业能力不够，无力应对教改和课后服务质量的双高需求；仅有 1.55% 的教师认为没有挑战。相较于小学教师，"双减"给初中教师专业能力带来的各项挑战占比虽相对偏低，但工作时间、工作量的增加和作业设计与课堂教学能力要求的提高带来的压力也不容小觑。

从跨学段教师来看，同时任教小学与初中的教师面临的主要挑战是工作量的增加，占 84.21%，相比于仅任教小学或初中阶段的教师，作业设计、课后服务带来的挑战相对较低。同时任教初中和高中的教师则主要面临工作时间延长以及工作量增加的压力，相比于单一学段的教师，作业设计、课堂教学的挑战相对偏低。这一情况可能由于跨学段教师的授课形式相对多元，能够在"双减"政策实施后更灵活地对其教学以及作业布置进行调整。总体来看，"双减"政策的实施从工作强度、教学构建、课后服务等方面给不同学段的教师专业能力带来了挑战。

表2 "双减"政策给不同阶段教师专业能力带来的挑战

单位：%

"双减"给教师带来的挑战	小学	初中	跨学段（小学与初中）	跨学段（初中与高中）
延长了工作时间	85.50	76.06	63.16	73.68
增加了工作量	86.36	77.93	84.21	81.58
提高了对作业设计能力的要求	66.78	70.36	36.84	57.89
提出了更高的课堂教学能力要求	71.32	71.34	42.11	57.89
提出了更高的课后服务能力要求	72.99	68.32	47.37	68.42
增加了家长对学校的依赖，家校沟通更加困难，家校育人合力不够	57.67	50.49	42.11	50.00
压缩了教师专业发展时间，教师专业能力不够，无力应对教改和课后服务质量的双高需求	52.93	43.65	42.11	47.37
没有挑战	1.64	1.55	0.00	2.63

（二）不同岗位教师专业能力应对"双减"挑战的差异

（1）"双减"政策的实施对不同岗位教师教学构建能力的挑战

"双减"政策要求广大教师与时俱进、守正创新，改变传统教学思维，向课堂要效率、要效益，把握课堂教学规律，探索灵活多样的教学方式。不同岗位教师的教学构建能力相对有所差异，分岗位具体调查教师"双减"前后在教学构建方面的变化及挑战，能够在教师教学能力优化方面得到有针对性的建议。

表3展示了不同岗位教师在"双减"政策实施前的教学构建情况。普通教师在进行教学构建时，81.7%的教师会基于教材、教参等自己设计教案，38.4%的教师选择网上寻找优秀教案，57.6%的教师外出教研听课后对教学设计进行修改，74.7%的教师根据教研组内交流情况及时调整教学设计，53.7%的教师会在上课前结合教材、教参对教学设计进行修改，73.1%的教师能够根据学生实际情况对教学进行调整。这表明大部分普通教师主要基于教材、教参进行课堂设计，并通过与教研组交流、结合学生实际情况来及时调整教学设计；参考网络案例、外出教研听课修改教学设计的教师占比相对偏低，说明"双减"政策实施前，普通教师在课堂设计时存在一定的局限性，结合网络以及外出教研进行修改的占比相对较低。

从教研组长/学科组长在"双减"前的教学构建情况来看，81.2%的教师会基于教材、教参等自己设计教案，33.6%的教师选择网上寻找优秀教案，65.2%的教师外出教研听课后对教学设计进行修改，81.4%的教师根据教研组内交流情况及时调整教学设计，53.8%的教师会在上课前结合教材、教参对教学设计进行修改，78.3%的教师能够根据学生实际情况对教学进行调整。担任教研组长或学科组长的教师在教学构建时，与普通教师相似的地方在于多基于教材、教参进行课堂设计，相比于普通教师，他们更加注重校内教研和外出教研，并有更高比例的教师会根据学生情况对教学设计进行调整。

从年级组长在"双减"前的教学构建情况来看，整体教学构建情况与教研组长/学科组长相近，主要区别在于担任年级组长的教师更加注重根据外出教研听课（71.0%）和学生的具体情况（83.4%）来修改教学设计。

从中层干部在"双减"前的教学构建情况来看，78.3%的教师选择根据教材、教参自主设计教案；76.0%的教师会根据校内教研组内交流，及时调整教学设计；80.0%的教师能够分析学情，根据学生情况设计教学。相比于其他岗位的教师，中层干部在课前根据教材、教参进一步修改教学设计的比例偏低（49.1%）。

从校级干部在"双减"前的教学构建情况来看，72.7%的教师选择看教材、教参，自己设计教案，说明相比于其他岗位教师，其在发挥自身教学设计能力方面相对偏低；仅30.9%的教师会参考网上的优秀教案；65.5%的教师外出教研听课后对教学设计进行修改；78.2%的教师根据教研组内交流情况来及时调整教学设计；38.2%的教师会在上课前结合教材、教参对教学设计进行修改，这一方面相对其他岗位教师明显还需加强；80.0%的教师能够根据学生实际情况对教学设计进行调整。

表3　不同岗位教师在"双减"政策实施前的教学构建情况

单位：%

"双减"前教师的教学构建情况	普通教师	教研组长/学科组长	年级组长	中层干部	校级干部
看教材、教参，自己设计教案	81.7	81.2	82.2	78.3	72.7
网上寻找优秀教案，打印使用	38.4	33.6	39.1	34.3	30.9
外出教研听课，修改教学设计	57.6	65.2	71.0	60.6	65.5
教研组内交流，及时调整教学设计	74.7	81.4	82.8	76.0	78.2
上课前再看看教材、教参，修改之前的设计	53.7	53.8	56.2	49.1	38.2
分析学情，根据学生情况设计教学	73.1	78.3	83.4	80.0	80.0
其他	0.5	0.2	0.6	0.6	0.0

在"双减"政策实施后，教师教学构建的变化切实反映了该政策对不同岗位教师的影响情况（见表4）。从普通教师来看，选择"没有变化，跟以前一样"的教师仅占4.8%；选择"有点变化，但缺乏深刻研究，课堂变

化不大"的教师占 12.1%；选择"认真研读'双减'政策，加强学习钻研，反思提升自己"的教师占 30.6%；选择"适当调整自己的教学策略，优化教学模式"的教师占 25.4%；选择"加强备课的投入，着力提高学生的课堂学习效率"的教师占 26.7%。从教研组长/学科组长情况来看，选择没有变化的教师占 2.0%，选择变化不大的教师占 11.5%，选择认真研读政策，提升自己的教师占 31.6%，选择优化教学模式的教师占 22.9%，选择加强备课投入的教师占 31.8%。从年级组长来看，选择没有变化的教师占 5.3%，选择变化不大的教师占 6.5%，选择认真研读政策，提升自己的教师占 36.7%，选择优化教学模式的教师占 29.6%，选择加强备课投入的教师占 21.9%。从中层干部来看，选择没有变化的教师占 2.3%，选择变化不大的教师占 12.6%，选择认真研读政策，提升自己的教师占 36.6%，选择优化教学模式的教师占 28.0%，选择加强备课投入的教师占 20.6%。从校级干部来看，选择没有变化的教师占 1.8%，选择变化不大的教师占 5.5%，选择认真研读政策，提升自己的教师占 41.8%，选择优化教学模式的教师占 20.0%，选择加强备课投入的教师占 30.9%。上述变化情况反映出普通教师研读"双减"政策的能力方面相对偏弱，而管理岗位的教师加强学习，提升教学模式，优化课堂的整体比例偏高，普通教师在课堂构建能力方面仍须进一步增强，以加大落实"双减"政策的力度。

表4　不同岗位教师在"双减"政策实施后的教学构建变化情况

单位：%

"双减"后教师的 教学构建变化情况	普通教师	教研组长/学 科组长	年级组长	中层干部	校级干部
没有变化，跟以前一样	4.8	2.0	5.3	2.3	1.8
有点变化，但缺乏深刻研究，课堂变化不大	12.1	11.5	6.5	12.6	5.5
认真研读"双减"政策，加强学习钻研，反思提升自己	30.6	31.6	36.7	36.6	41.8
适当调整自己的教学策略，优化教学模式	25.4	22.9	29.6	28.0	20.0

"双减"后教师的 教学构建变化情况	普通教师	教研组长/学 科组长	年级组长	中层干部	校级干部
加强备课的投入,着力提高学 生的课堂学习效率	26.7	31.8	21.9	20.6	30.9
其他	0.4	0.2	0.0	0.0	0.0

对"双减"背景下不同岗位教师在教学过程中遇到的挑战进行差异分析,深入了解不同职级群体在教学调整能力方面的差异(见表5)。从培养学生自觉能动性方面来看,各岗位教师占比在71.0%~74.5%,均约有3/4的教师面临这一挑战;从提高学生学习效率方面来看,各岗位教师占比在75.4%~82.2%,其中年级组长对这一挑战的感知最为突出(82.2%);从管理课堂、学生行为方面来看,各岗位教师占比在54.9%~60.3%,其中普通教师面临这一挑战的比例(60.3%)相对偏高;从合理分配课堂教学时间方面来看,各岗位教师占比在59.4%~68.0%,年级组长面临这一挑战的比例(68.0%)相对偏高;从评估课堂效果方面来看,各岗位教师占比在47.2%~63.6%,基本呈现职级越高,面临这一挑战的比例越高的情况。总体来看,"双减"政策实施后,大部分教师当下的教学能力难以克服教学过程中不同方面的挑战,在培养学生自觉能动性和提高学生学习效率方面尤为明显。

表5 "双减"背景下不同岗位教师在教学过程中遇到的挑战

单位:%

教师在教学过程中 遇到的挑战	普通教师	教研组长/ 学科组长	年级组长	中层干部	校级干部
培养学生自觉能动性	72.1	73.5	71.0	73.7	74.5
提高学生学习效率	75.4	79.6	82.2	77.1	78.2
管理课堂、学生行为	60.3	56.5	59.2	54.9	56.4
合理分配课堂教学时间	60.1	62.3	68.0	59.4	61.8
评估课堂效果	47.2	54.3	58.0	56.6	63.6
其他	0.5	0.0	1.2	1.1	0.0

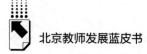

（2）"双减"政策的实施对教师作业设计能力的挑战

"双减"政策要求教师把握作业布置的科学性、合理性、智慧性、艺术性，实现作业布置、批改、辅导调结构、提质量，分析不同岗位教师在新政策下在作业设计中遇到的挑战，能够对教师的作业设计能力提出针对性的建议。

从作业目标与教学目标建立联系来看（见表6），各岗位教师面临这一挑战的比例在44.6%~54.5%，其中年级组长与校级干部的比例偏高；从单元整体作业设计来看，各岗位教师面临这一挑战的比例在69.9%~77.5%，教研组长/学科组长与年级组长的比例偏高；从分层作业设计来看，各岗位教师面临这一挑战的比例在66.9%~74.5%，普通教师与中层干部的比例相对偏低；从形式多样作业设计来看，各岗位教师占比在50.9%~63.9%，其中年级组长最高，校级干部最低；从跨学科作业设计来看，各岗位教师面临这一挑战的比例在50.3%~69.1%，基本呈现职级越高，比例越高的情况；从线下与线上融合作业设计来看，各岗位教师面临这一挑战的比例在44.0%~54.5%，同样呈现职级越高，比重越高的情况；从实现教学-作业-评价一体化来看，各岗位教师面临这一挑战的比例在44.7%~67.3%，同样呈现职级越高，比重越高的情况；从选择"没有问题"的教师来看，比例在1.2%~5.5%，随着职级的升高呈现先降后升的态势。整体来看，在各项作业设计挑战的指标中，各岗位教师面临的挑战具有一定共性，"单元整体作业设计""分层作业设计"这两项挑战的比例偏高，且部分挑战呈现职级越高，在作业设计中遇到的挑战越高的情况，说明干部教师的作业设计能力仍有进一步提升的空间。

表6 "双减"背景下教师在作业设计中遇到的挑战

单位：%

教师在作业设计中遇到的挑战	普通教师	教研组长/学科组长	年级组长	中层干部	校级干部
作业目标与教学目标建立联系	47.1	46.6	52.7	44.6	54.5
单元整体作业设计	69.9	77.5	76.9	71.4	72.7
分层作业设计	66.9	71.5	74.0	68.0	74.5

教师在作业设计中遇到的挑战	普通教师	教研组长/学科组长	年级组长	中层干部	校级干部
形式多样作业设计	57.1	58.9	63.9	61.1	50.9
跨学科作业设计	50.3	60.5	61.5	61.7	69.1
线下与线上融合作业设计	44.0	44.5	48.5	53.1	54.5
实现教学-作业-评价一体化	44.7	51.6	55.0	56.6	67.3
没有问题	3.5	3.0	1.2	4.6	5.5

（3）"双减"政策的实施对不同岗位教师课后服务能力的挑战

2021年8月，北京市委发布的《北京市关于进一步减轻义务教育阶段学生作业负担和校外培训负担的措施》明确提出，要提升学校课后服务水平，要加强整体规划设计，丰富服务内容，拓宽服务渠道，做强做优免费线上学习服务。其中提出课后服务一般由本校教师承担，校级干部、特级教师、市区级学科带头人、骨干教师应主动承担课后服务工作。本报告对不同岗位教师参与课后服务情况及挑战进行调查，深入了解不同岗位教师课后服务能力的差异和不足。

表7展现了不同岗位教师参与的课后服务类型。从学科类课后服务来看，有70.4%的普通教师参与，有70.6%的教研组长/学科组长参与，有85.2%的年级组长参与，有63.4%的中层干部参与，有52.7%的校级干部参与，年级组长起到了一定的带头作用。从素质类课后服务来看，有33.7%的普通教师参与，有35.4%的教研组长/学科组长参与，有22.5%的年级组长参与，有37.7%的中层干部参与，有43.6%的校级干部参与。从兴趣拓展类课后服务来看，有24.9%的普通教师参与，有28.7%的教研组长/学科组长参与，有23.1%的年级组长参与，有30.3%的中层干部参与，有34.5%的校级干部参与。整体来看，各岗位教师承担的课后服务以学科类为主，校级干部在承担素质类和兴趣拓展类课后服务中起到了带头作用。

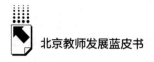

表7 不同岗位教师参与的课后服务类型

单位：%

教师参与的课后服务类型	普通教师	教研组长/学科组长	年级组长	中层干部	校级干部
学科类	70.4	70.6	85.2	63.4	52.7
素质类(如体育、艺术、科学)	33.7	35.4	22.5	37.7	43.6
兴趣拓展类(如娱乐、拓展训练、兴趣小组等)	24.9	28.7	23.1	30.3	34.5

不同岗位教师在"双减"政策实施后，大部分承担了不同门类的课后服务，面临着多元的课后服务的挑战（见表8）。在课后服务中，从普通教师来看，84.2%的教师面临工作时间加长，工作量增加的压力；51.7%的教师感到精神压力大，影响身心健康；48.7%的教师感到安全管理负担加重，责任风险加大；44.3%的教师感到收入与付出不成正比；40.3%的教师认为课后服务补偿制度不健全。从教研组长/学科组长来看，各项指标的整体比例均略高于普通教师，86.2%的教师面临工作时间加长，工作量增加的压力；55.1%的教师感到精神压力大，影响身心健康；48.0%的教师感到安全管理负担加重，责任风险加大；50.0%的教师感到收入与付出不成正比；42.7%的教师认为课后服务补偿制度不健全。从年级组长来看，各项指标的整体比例均略高于教研组长/学科组长，88.2%的教师面临工作时间加长，工作量增加的压力；59.2%的教师感到精神压力大，影响身心健康；52.7%的教师感到安全管理负担加重，责任风险加大；57.4%的教师感到收入与付出不成正比；52.1%的教师认为课后服务补偿制度不健全。从中层干部来看，80.6%的教师面临工作时间加长，工作量增加的压力；42.9%的教师感到精神压力大，影响身心健康，相对年级组长偏低；53.7%的教师感到安全管理负担加重，责任风险加大；37.7%的教师感到收入与付出不成正比，明显低于岗位等级低的教师；31.4%的教师认为课后服务补偿制度不健全，相对其他岗位教师这一比例最低。从校级干部来看，面临安全管理负担加重，责任风险加大挑战的比例高于其他岗位教师。

整体来看，各岗位教师面临的主要挑战在于工作时间的加长和工作量的增加、精神压力大、安全管理负担加重以及收入付出不成正比等，这说明课后服务的补偿制度未能很好地弥补其给教师带来的负面影响。校级干部与中层干部作为学校的管理人员，主要面临安全管理负担明显加重的挑战，相比于基层教师在课后服务负担与收入平衡方面的满意度较高。基层教师特别是年级组长更多地面临课后服务工作负担增加却收入与付出不平衡的问题。研究结果说明，教师在课后服务中，课后辅导能力、安全管理能力、工作抗压能力均遇到一定程度的挑战，一方面由于政策的变化，当下教师课后服务能力难以满足新的任务要求；另一方面课后服务制度仍不完善，导致缺乏有效管理以及薪资补偿不合理，教师课后服务能力提升动力不足。

表8　不同岗位教师参与课后服务遇到的挑战

单位：%

教师在课后服务工作中 遇到的挑战	普通教师	教研组长/ 学科组长	年级组长	中层干部	校级干部
工作时间加长，工作量增加	84.2	86.2	88.2	80.6	76.4
自身能力不够，无法满足学生需求	22.0	22.1	26.0	29.7	30.9
精神压力大，影响身心健康	51.7	55.1	59.2	42.9	36.4
安全管理负担加重，责任风险加大	48.7	48.0	52.7	53.7	63.6
与家庭生活冲突	37.4	37.7	47.3	32.6	25.5
收入与付出不成正比	44.3	50.0	57.4	37.7	29.1
家长的认同和支持不够	21.2	23.7	27.8	24.0	20.0
课后服务补偿制度不健全	40.3	42.7	52.1	31.4	38.2
对课后服务工作的责任划分范围不明确	27.7	30.2	30.8	28.6	27.3
无影响	4.6	2.6	3.0	4.0	10.9
其他	0.5	0.2	0.0	1.1	1.8

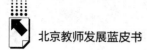

在"双减"政策实施后,教师对课后服务的诉求评估结果能够反映教师的主要需求,从而提出有效的建议,促进教师课后服务能力的提升。教师对课后服务的诉求主要包括六个方面,分别是保障教师参加课后服务的报酬、建立"弹性上下班制"和合理的轮休制度、给予教师是否参与课后服务自主选择权、应在评优评先方面对参与课后服务的教师给予倾斜、采用政府购买的方式减轻在校教师课后服务负担、提升教师的教育教学水平和课堂教学效率。

从不同群体的评分来看(见表9),普通教师对报酬、弹性工作、自主选择权、减轻课后服务负担等方面需求较高,评分在4.29~4.38,对于评优评先(4.15)、提升教学水平和课堂效率(4.14)的需求相对偏低;教研组长/学科组长对报酬、弹性工作、自主选择权、减轻课后服务负担等方面需求较高,评分在4.37~4.47,对于评优评先(4.24)、提升教学水平和课堂效率(4.22)的需求相对偏低,整体诉求较普通教师略高;年级组长对报酬、减轻课后服务负担、提升教学水平和课堂效率的诉求较高,评分在4.13~4.29,特别是提升教学水平和课堂效率这一方面诉求最高(4.29),对弹性工作(4.09)、自主选择权(3.96)、评优评先(4.02)等方面诉求略低,整体诉求较其他岗位教师略低;中层干部对报酬(4.50)、弹性工作(4.53)、自主选择权(4.47)、减轻课后服务负担(4.53)等方面需求偏高,对于评优评先(4.34)、提升教学水平和课堂效率(4.28)的需求相对偏低,整体诉求较其他岗位教师偏高,也符合政策要求的中层干部在参与课后服务中起带头作用;校级干部对报酬(4.41)、弹性工作(4.38)、减轻课后服务负担(4.32)、提升教学水平和课堂效率(4.29)的诉求较高,在自主选择权(4.19)、评优评先(4.14)方面的诉求相对偏低。

整体来看,各岗位教师的共同特点是均对报酬、减轻课后服务负担方面的诉求较高,政府应优先考虑从这几个方面进行政策调整,并分岗位对其他几项诉求进行有针对性的回应。

表9 "双减"背景下不同岗位教师对课后服务的诉求

教师对课后服务的诉求	普通教师		教研组长/学科组长		年级组长		中层干部		校级干部	
	平均值	标准差	平均值	标准差	平均值	标准差	平均值	标准差	平均值	标准差
保障教师参加课后服务的报酬	4.29	0.891	4.37	0.952	4.13	0.963	4.50	0.772	4.41	0.796
建立"弹性上下班制"和合理的轮休制度	4.38	0.86	4.47	0.882	4.09	0.986	4.53	0.756	4.38	0.849
给予教师是否参与课后服务自主选择权	4.34	0.872	4.39	0.94	3.96	1.018	4.47	0.795	4.19	0.939
应在评优评先方面对参与课后服务的教师给予倾斜	4.15	0.976	4.24	1.04	4.02	1.009	4.34	0.92	4.14	0.957
采用政府购买的方式减轻在校教师课后服务负担	4.33	0.874	4.41	0.916	4.18	0.945	4.53	0.756	4.32	0.891
提升教师的教育教学水平和课堂教学效率	4.14	0.927	4.22	0.982	4.29	0.809	4.28	0.881	4.29	0.87

（4）"双减"政策的实施对不同岗位教师专业能力提升的挑战

基于前三节的调研结果可知，实施"双减"政策面临教师数量不足、专业能力不够、课后服务配置不均衡等诸多问题，要真正解决公立学校效能提升问题，教师专业能力提升是不可回避的关键因素。对教师专业能力提升的情况以及存在的问题进行调查，能够对教师专业能力提升措施进行有针对性的完善。

"双减"政策实施以来，教师接受本区教研部门的指导频率能够反映不同岗位参加研修活动的具体情况（见表10）。从普通教师来看，20.5%的教师每周1次，21.6%的教师每月1次，27.6%的教师不固定次数，没接受过任何指导的教师占 10.6%。从教研组长/学科组长来看，24.1% 的教师每周 1 次，20.6% 的教师每月 1 次，29.1% 的教师不固定次数，没接受过任何指导的教师占 7.7%，略低于普通教师。从年级组长来看，17.2% 的教师每周 1 次，25.4% 的教师每月 1 次，30.8% 的教师不固定次数，没接受过任何指导的教师占 8.3%，略高于教研组长/学科组长，但低于普通教师。从中层干部来看，22.9% 的教师每周 1 次，27.4% 的教师每月 1 次，22.3% 的教师不固定次数，没接受过任何指导的教师占 6.9%，略低于教研组长/学科组长。从校级干部来看，34.5% 的教师每月 1 次，30.9% 的教师不固定次数，没接受过任何指导的教师占 1.8%，远低于其他岗位教师，校级干部参与教研指导的比例明显高于其他岗位教师。总体来看，20.8% 的教师参与指导的频率为每周 1 次，22.0% 的教师为每月 1 次，不固定次数的教师占 27.7%，参与教研活动频率小于等于每季度一次甚至没有接受过任何指导的教师共占 29.5%，表明约有 1/3 的教师较少参与研修活动。

表 10 "双减"政策实施以来各岗位教师接受本区教研部门的指导情况

单位：%

岗位	每周 1 次	每月 1 次	每季度 1 次	每学期 1 次	每学年 1 次	不固定次数	没接受过任何指导
普通教师	20.5	21.6	5.8	11.3	2.8	27.6	10.6
教研组长/学科组长	24.1	20.6	5.3	10.9	2.2	29.1	7.7
年级组长	17.2	25.4	3.6	11.8	3.0	30.8	8.3
中层干部	22.9	27.4	7.4	11.4	1.7	22.3	6.9
校级干部	12.7	34.5	7.3	7.3	5.5	30.9	1.8
总　计	20.8	22.0	5.7	11.2	2.7	27.7	9.9

针对"双减"任务教师参加过的研修活动进行调研，能够展现不同岗位教师主要参与的研修活动类别，提出有针对性地完善对策（见表 11）。教师参与的主要研修活动有专题交流与研讨、集体备课、课例分析、观摩名师课堂、展示课题（项目）、自主研修、同步课堂和其他。其中，参与专题交

流与研讨的各岗位教师占比最高，在 73.6%~84.6%，中层干部与校级干部
比例相对略高；其次是参与集体备课的各岗位教师，在 65.1%~81.1%，中
层干部与校级干部比例相对略低；参与课例分析与观摩名师课堂的各岗位教
师占比均约为 60.0%；参与展示课题（项目）的各岗位教师在 35.0%~
43.6%；参与自主研修的各岗位教师占比在 50.0%左右，校级干部明显偏高
（65.5%）；参与同步课堂的各岗位教师占比在 30.0%左右，其中年级组长
与校级干部参与比例偏高。

表 11   不同岗位教师参加过的研修活动

单位：%

研修活动	普通教师	教研组长/学科组长	年级组长	中层干部	校级干部
专题交流与研讨	73.6	81.4	75.1	84.6	83.6
集体备课	74.7	80.0	81.1	65.1	69.1
课例分析	61.0	64.0	65.7	57.7	67.3
观摩名师课堂	61.1	60.9	65.7	58.9	63.6
展示课题（项目）	35.0	39.5	37.3	36.0	43.6
自主研修	46.5	53.4	49.1	52.6	65.5
同步课堂	27.9	27.7	35.5	24.0	36.4
其他	0.5	0.2	1.2	0.0	0.0

不同岗位教师对已参加过的研修活动满意度直接反映了"双减"政策
为提升教师专业能力安排的研修活动的质量，具体结果如表 12 所示。

表 12   不同岗位教师对已参加过的研修活动满意度

研修活动	普通教师		教研组长/学科组长		年级组长		中层干部		校级干部	
	平均值	标准差	平均值	标准差	平均值	标准差	平均值	标准差	平均值	标准差
专题交流与研讨	3.44	1.747	3.59	1.614	3.73	1.334	3.63	1.672	3.93	1.052
集体备课	3.51	1.700	3.63	1.64	3.80	1.329	3.51	1.822	3.84	1.316
课例分析	3.34	1.915	3.42	1.895	3.56	1.629	3.34	2.073	3.65	1.53

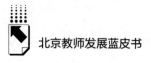

续表

研修活动	普通教师		教研组长/学科组长		年级组长		中层干部		校级干部	
	平均值	标准差	平均值	标准差	平均值	标准差	平均值	标准差	平均值	标准差
观摩名师课堂	3.33	1.963	3.32	2.035	3.46	1.899	3.14	2.294	3.47	1.874
展示课题(项目)	2.99	2.207	3.04	2.218	3.12	2.067	3.02	2.37	3.13	2.220
自主研修	3.18	2.036	3.22	2.035	3.41	1.843	3.17	2.18	3.75	1.294
同步课堂	2.93	2.267	2.82	2.394	2.95	2.236	2.77	2.554	3.05	2.337

普通教师在 7 项已参加过的研修活动上，满意度评分在 2.93~3.51，说明普通教师对研修活动的满意度整体一般，对"专题交流与研讨"（3.44）、"集体备课"（3.51）、"课例分析"（3.34）、"观摩名师课堂"（3.33）的满意度相对较高，对"展示课题（项目）"（2.99）、"同步课堂"（2.93）的满意度相对偏低。

教研组长/学科组长在 7 项已参加过的研修活动上，满意度评分在 2.82~3.63，对研究活动的满意度整体一般，对"专题交流与研讨"（3.59）、"集体备课"（3.63）、"课例分析"（3.42）的满意度相对较高，对"同步课堂"（2.82）的满意度较低。

年级组长在 7 项已参加过的研修活动上，满意度评分在 2.95~3.80，对研究活动的满意度整体中等偏上，对"专题交流与研讨"（3.73）、"集体备课"（3.80）、"课例分析"（3.56）、"观摩名师课堂"（3.46）、"自主研修"（3.41）的满意度相对较高，对"同步课堂"（2.95）的满意度偏低。

中层干部在 7 项已参加过的研修活动上，满意度评分在 2.77~3.63，对研修活动的满意度整体一般，对"专题交流与研讨"（3.63）、"集体备课"（3.51）、"课例分析"（3.34）的满意度偏高，对"同步课堂"（2.77）的满意度偏低。

校级干部在 7 项已参加过的研修活动上，满意度评分在 3.05~3.93，对研修活动的满意度整体中等偏上，对"专题交流与研讨"（3.93）、"集体备课"（3.84）、"课例分析"（3.65）、"观摩名师课堂"（3.47）、"自主研修"（3.75）的满意度相对较高，对"同步课堂"（3.05）的满意度略低。

总体来看，各岗位教师对"双减"任务带来的研修活动整体满意度中等偏上，各岗位教师较为共性的评价是对"专题交流与研讨""集体备课"的满意度较高，对"展示课题（项目）"与"同步课堂"的满意度较低。

四 总结与建议

（一）"双减"政策的实施给教师专业能力带来的主要挑战

1.课堂教学效率提升能力有限

落实减负需要提升课堂教学的有效性。相比于历史上的各次"减负令"而言，"双减"政策最大的特点在于它看到了课堂教学的关键作用，提出了"应教尽教""确保学生在校内学足学好"的减负思路。[①] 在这样的背景下，教师作用凸显，同时当前教师工作的短板也暴露出来，部分教师在提升教学效率中均遇到不同方面的挑战，在培养学生自觉性和提高学生学习效率方面尤为明显。"双减"政策的有效实施不仅在于教师要提供高质量、高效率的课堂教学体系，还应当发挥育人作用，促进学生自主学习，事半功倍。此外，从本次的调研结果来看，仍有部分教师未能认真研读"双减"政策，及时对课堂教学进行调整，特别是基层教师，在加强备课投入、优化教学模式等方面仍需进一步完善。究其原因，则在于政策实施给教师原有的教学模式带来一定的冲击。在"双减"政策实施之前，部分学生养成了校内学习、校外补课的学习模式，教师课堂教学在一定程度上没能满足这部分学生的知识需求；在"双减"政策实施后，学生校外补习的负担大大降低，但教师课堂教学的质量和效率均亟须进一步提高才能兼顾不同水平的学生。因此，在"双减"政策的指导下，充分利用好校园里的教育资源，提升课堂教学效率，

---

① 来源于中共中央办公厅、国务院办公厅印发的《关于进一步减轻义务教育阶段学生作业负担和校外培训负担的意见》。

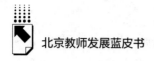

形成减负与提效同频共振的教育模式，是"双减"工作成功的关键。

2.教师作业设计能力参差不齐

中小学生减轻课后作业负担是"双减"的重中之重，不仅能够减轻学生的体力负担，也能缓解学生的精神压力。但作业仍是检测学生学习成果，教师进行评价、反馈和进一步设计课程的重要依据。减轻作业负担并非取消作业，而是让课后作业不再成为负担，引导学生理解知识，激发学生学习兴趣。这就需要教师把控作业的量与质。教师作业设计能力关乎学生能否温故而知新，对学生学业发展有重要意义。然而从本报告的调查结果来看，教师面对骤然提高的作业设计要求，感到一定的压力。教师在单元整体作业设计、分层作业设计两方面普遍感到有所挑战，单元整体作业设计需要教师从单元整体视角出发，紧扣单元的知识、能力、品格以及素养；分层作业设计则需要教师考虑不同学生的实际情况，体现个体差异，结构合理。从整体来看，更高职级的教师在作业设计方面面临的困难更大，高职级的教师相对在组织管理、教学课堂等方面责任更重，因此，应进一步向一线教师学习作业设计方法，提升作业设计能力。

3.课后服务使教师工作时间延长、工作任务加重

"双减"政策一经发布便得到各省的积极响应，首要任务就是落实课后延时服务。《北京市关于进一步减轻义务教育阶段学生作业负担和校外培训负担的措施》（以下简称《措施》）提出，学校要做好教育教学活动和教师资源的统筹，将课后服务时段分两个阶段进行整体规划、系统设计。第一阶段完成体育锻炼，保障学生每日1小时体育锻炼时间；第二阶段开展课业辅导和综合素质拓展类活动，结束时间原则上不早于下午五点半。同时，要求课后服务一般由本校教师承担，校级干部、特级教师、市区级学科带头人、骨干教师应主动承担课后服务工作。

提供延时服务的学校从原来下午三点半至四点放学延长服务至下午五点半到六点，甚至还会更晚，这无形中延长了教师在学校的工作时间。在"双减"政策下，教师要将额外的时间和精力用于学生的课后辅导，原本可以自由安排的时间被分割，教师的备课、科研甚至休息的时间被大大缩减。

除了工作时间延长以外，课后延时服务的实施内容也使教师面临工作任务增多的风险。此外，《措施》要求教师强化基本托管服务中的作业管理，另外还要求教师发挥创造性，自主研发丰富多彩的兴趣小组和社团活动，在满足学生多样化需求的基础上，提高课后服务的吸引力和素质拓展的有效性。这使得教师在常规的教学任务结束后还要负责开展课后辅导和兴趣活动，校内工作量增加。教师不仅要进行学科内容的备课、作业的批改，还要花更多的心思在开发趣味性和创新性的课后服务活动上，这在一定程度上加重了教师的工作负担，甚至会影响教师的工作情绪与态度。

4. 专业能力提升压力增大，研修活动质量有待进一步提高

在"双减"政策实施前，不少已经习惯上课外班的学生形成了在学校课堂上不听、在课外班补课时才听的习惯和节奏。在"双减"政策落实后，教师需要改变这种状况。有校外培训机构时，学校教师只管照自己的进度教学，无须兼顾学得很好与学得很差的两头；在"双减"政策落实后，教师就不能只顾中间的学生，还需要兼顾两头，需要有分层教学的能力，对班里不同层次的学生进行有针对性的指导，布置个性化作业，满足不同层次学生的需求。这给教师的专业能力带来了直接的考验。

我们在本次调研中发现，一方面，教师的自主空间较少，教师工作负担过重，没有足够的时间参与研修活动；另一方面，教师待遇、地位等落实不到位，管理机制过于刻板，缺乏人性化。比如，要求所有教师坐班，必然把所有教师都"捆死"，教师的积极性与创造性都难以充分发挥，这些方面必须改进。中共中央办公厅、国务院办公厅印发的《关于进一步减轻义务教育阶段学生作业负担和校外培训负担的意见》提到，"学校可统筹安排教师实行'弹性上下班制'"，但这依然只是局部的改变，还远远不够。在现有"双减"政策下，教师面临教学构建转变、教学模式优化、课后服务时间增加等压力，导致工作量大、时间长，很可能身心俱疲，没有教研时间。长此以往，必然损耗教师的能力，很难提升教学质量与效能。此外，教师对现有研修活动的满意度不高，展示课题（项目）、同步课堂等研修活动既占用教师时间，又未能起到良好的效果。

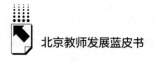

（二）"双减"背景下教师专业能力的改善建议

"双减"背景下，中小学教师面临课堂效率、作业设计、课后服务提升等一系列需求带来的新挑战，教师在工作压力提高的同时，逐渐出现了难以兼顾家庭生活、精神压力增大、无暇提升专业素养的情况。长此以往，势必对教师的专业发展和"双减"政策的实施效果产生一定的负面影响。"双减"政策指向的是教育改革的系统性命题，教师专业能力不足以应对新的教育模式势必带来一定风险，这是教育界难以回避的现实问题，必须采取多渠道、多主体协同的方式进行化解。

1. 进一步提高课堂教学质量，为一线教师画好清晰的教学蓝图

北京市"双减"政策实施细则要求教师进一步落实课堂教学基本要求、基本规范和基本规程，优化教学方式，强化教学管理，积极推进"空中课堂""双师课堂""融合课堂"建设，提升学生在校学习效率，并强调学校应加强学科建设和教研管理，科学做好幼小、小初衔接，引导教师准确把握学科特点、知识结构、思想方法，遵循学生认知与成长规律，切实提高教学质量。提升教师课堂效率，促进教师进一步理解"双减"政策对课堂教学的新要求，科学指导教师应教尽教。一方面，需要进一步细化"应教"的具体范围，这要由教师依据对整个学科知识的宏观把握以及自身的教学经验来确定，课堂构建不仅要勾勒出本学科的知识框架，也要优化教学模式，促进学生发挥自身的主动性；另一方面，进一步提升教师的"尽教"能力，帮助教师明确如何教、如何提高教学的吸引力、有没有真正把学生教会的问题。

2. 提升教师作业设计能力，控量减负，提质增效

"双减"政策在提高作业设计质量方面，要求教师发挥作业在诊断、巩固、学情分析等方面的功能作用，结合作业设计和教学研究体系，要求作业设计"符合年龄特点和学习规律、体现素质教育导向"，鼓励分层、弹性化、个性化的作业设计。各学科教师提高作业设计能力，践行科学合理规划作业、落实作业减负，是"双减"政策顺利实施的关键。北京市教师作业设计能力调研结果表明，超过半数教师在不同纬度的作业设计上存在困难。

提升教师作业设计能力，可采取教师预做、创新形式、提高趣味性等方法，但不能将监督学生作业的任务全部压在教师身上，教师负担过重则有可能导致相反的结果。因此本报告建议，一是由相关专家、具有优秀作业设计能力的教师传授经验，确保教师作业设计能力整体提升；二是进一步提高干部教师作业设计能力，发挥干部教师应有的带头能力；三是加强家校协同，监控作业时长，家长将学生作业实际情况及时向教师反馈，以便教师及时调整。

3. 优化课后服务管理，激励教师提升课后服务能力

缓解课后服务给教师带来的超额负担，激励教师提升课后服务能力，应从以下几个方面优化管理。

（1）明确职责范围，引进校外优质教育资源，帮助教师分担压力

课后延时服务应遵循学校主动承担、教职工集体参与、学生自愿等基本原则。在本校教师难以兼顾优质教学和课后服务的情况下，把教师工作重点放在提升课堂上，引进校外优质教育资源，采用政府购买的方式减轻在校教师课后服务负担。学校可以在作业辅导的基础上，开展文体类兴趣拓展、益智游戏、综合实践等多样化服务。同时，学校要厘清校内教育与校外教育的边界，在推进"双减"政策的课后服务时，要把握好校内教育的"可为"和"不可为"，进一步细化校内教育的服务内容。合理规定教师的岗位职责和工作时限，适当减少程序烦琐的评比和检查活动，降低产出要求，降低教师的工作强度，减少不必要的额外工作任务。

（2）实行弹性工作时间等灵活的管理机制，给予教师更多自由空间

为了缓解教师在校内超负荷工作的压力，学校可统筹安排教师实行"弹性上下班制"，保障教师合法的休息时间。由于各个学校的师资力量和教师人数各不相同，各学校需结合实际情况，为不同学科的教师合理规划弹性上下班的时间，增强教师工作时间的灵活性，提升教师职业吸引力。学校要为教师安排其能力范围之内的课后服务工作，并尽可能地让教师拥有自主选择权，自由分配工作时间，帮助教师优化时间管理，以便教师能够在更从容的状态下参与课后服务，激发他们的专业发展动能和教育教学热情，提高工作效率和效果。

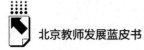

（3）学校收入分配向增加教师薪资福利倾斜，以提供必要的物质保障

在提升教师薪资待遇方面，校方有着义不容辞的责任。学校在各项收入的分配上，要向提高教师福利待遇倾斜，保障教师合理的劳动收入。学校在核定绩效工作总量时，依据课后服务性质，全面考虑教师参与课后服务的因素，把用于课后服务补助的经费额度作为教师绩效工资增量并予以单列，确保教师劳有所得。

4. 优化教研活动，教育行政部门沟通区域内服务资源的调配与合作

在教研活动实施过程中，环节的科学性、发展性需进一步提高，学校对教师参与教研活动缺乏必要的评价机制，教研组考勤制度执行不严，导致教师参与教研活动的积极性不高。学校应扎实做好教研整体规划，提升教研品质，抓好教研组和备课组建设，提高教师专业能力。有效的教研活动能够贴近教师的教学需求，促进教师团队的快速成长，有效教研的良好效果将传导给学生，让学生的学习变得有深度、有力度、有效度。

教育行政部门是沟通学校、家庭和社会的黏合剂，可以统筹区域内学校、社会的课后服务课程开发。教育行政部门可以开展提升教师课后服务能力和水平的针对性培训，充分利用本区域内优质教研资源，提高教研活动的质量和效率，可尝试以区（县）为单位引入支持学生个性化学习的信息技术，通过技术赋能提高教师专业能力以及工作效率，减轻教师工作负担。

B.4
"双减"背景下北京市中小学教师
工作负担研究报告

宋洪鹏*

摘　要： 不合理负担会导致中小学教师压力增大，无益于教师身心健康，影响教师的可持续发展。本报告通过问卷调查法和周工作时间记录法，分析"双减"后北京市中小学教师工作负担，发现在"双减"背景下中小学教师的工作负担不仅体现为工作时间特别长、与教育教学无关的工作量多，还体现为教师感知到的工作量大。应采取如下措施切实减轻中小学教师的不合理负担：建立政府统筹、学校负责的协同机制，整合资源提供更多的人力和待遇支持，搭建中小学教师专业发展平台，提高学校治理水平，建立中小学教师"弹性上下班"制度。

关键词： "双减"　工作负担　教师减负　中小学教师

一　研究背景

教师减负是当前基础教育领域的重要议题。特别是 2019 年以来，中小学教师减负受到教育行政管理者、研究者以及中小学校长、教师的广泛关注。2019 年 12 月，中共中央办公厅、国务院办公厅印发的《关于减轻中小学教师负担进一步营造教育教学良好环境的若干意见》要求各级政府和教育行政部门深入贯彻全国教育大会和《中共中央　国务院关于全面深化新

---

* 宋洪鹏，北京教育科学研究院教师研究中心副研究员，博士，研究方向为教师政策、教师教育。

时代教师队伍建设改革的意见》精神，切实减轻中小学教师负担，进一步营造全社会尊师重教的浓厚氛围，为教师安心、静心、舒心从教创造更加良好的环境。2020年12月，中共北京市委办公厅、北京市人民政府办公厅印发了《关于减轻中小学教师负担进一步营造教育教学良好环境的若干措施》，提出了北京市中小学教师减负20条措施，形成了北京市中小学教师减负16条清单。2021年7月，中共中央办公厅、国务院办公厅印发的《关于进一步减轻义务教育阶段学生作业负担和校外培训负担的意见》（以下简称"双减"）要求，学校保证课后服务时间，为此学校可统筹安排教师实行"弹性上下班制"。在2022年和2023年召开的两会上，减轻中小学教师过重负担连续两年成为代表委员关注的重要话题。

学界对教师负担的界定有广义和狭义之分。广义的教师负担包括生活负担、工作负担、心理负担等。狭义的教师负担主要是指工作负担。工作负担是指中小学教师在学校教育教学工作中承受与担当的教育责任、教育工作与职业压力以及由此而付出的代价等。[1] 这里的负担既包括教师应承担的工作和责任（即合理负担），也包括教师不应承担的工作和责任（即不合理负担）。不合理负担会导致教师压力增大，有损教师身心健康，影响教师的可持续发展。[2] 给教师减负，也就是减少教师的不合理负担，让教师回归到教育教学的合理负担中。本报告聚焦于"双减"背景下北京市中小学教师工作负担情况分析，旨在为"双减"背景下北京市开展中小学教师减负工作提供政策参考。

二 研究设计

本报告采用问卷调查法和周工作时间记录法，两种方法相互验证、相互补充，全面呈现中小学教师的工作负担情况。

---

① 王毓珣、王颖：《关于中小学教师减负的理性思索》，《湖南师范大学教育科学学报》2013年第4期。
② 宋洪鹏、郝保伟、鱼霞：《中小学教师不合理负担表现、不利影响及应对策略——基于北京市的调查》，《教育科学研究》2021年第10期。

（一）问卷调查法

1.研究对象

以义务教育学校专任教师为问卷调查对象，抽取北京市 16 个区 4500 位教师参与研究，其中有效问卷 4224 份，占总数的 93.9%。参与问卷调查教师样本信息如表 1 所示。

表 1　参与问卷调查教师样本信息

单位：人，%

类别		人数	所占比例
学段	小学	2932	69.4
	初中	1292	30.6
性别	男	777	18.4
	女	3447	81.6
是否班主任	是	1822	43.1
	否	2402	56.9
职称	未定级	352	8.3
	初级	1286	30.4
	中级	1696	40.2
	高级及以上	890	21.1
学校所在地	城区	2978	70.5
	乡镇	787	18.6
	乡村	459	10.9
岗位	普通教师	3331	78.9
	教研组长/学科组长	494	11.7
	年级组长	169	4.0
	中层干部	175	4.1
	校级干部	55	1.3
最高学历	专科及以下	75	1.8
	本科	3448	81.6
	研究生	701	16.6
合计		4224	100

2. 研究工具

本报告采用自编问卷。工作负担，也被称为教师工作，其本质是教师的时间分配，体现为量的规定性（时间量）和质的规定性（工作任务）两个方面。① 除了工作时间和工作任务，教师对工作量的感受也是教师知觉负担是否合理的重要依据。因此，调查问卷包括教师基本信息、教师工作时间、教师的工作任务、教师对工作量的感受以及不合理负担给教师带来的影响等方面。教师基本信息包括所在学校类型、学校位置、教师职称、教师职务、是否班主任等方面。教师工作时间包括工作日在校工作时间、下班后工作时间和周末工作时间等方面。教师的工作任务是教师所做的工作，包括教学任务和非教学任务。教师对工作量的感受是教师对工作量大小及变化的认识。不合理负担给教师带来的影响包括心理状况、身体状况、照顾家庭状况和工作满意度等方面。

3. 研究实施

问卷调查采用匿名方式进行。研究者先通过网络平台向中小学教师发起问卷调查邀请，教师收到邀请后在 7 天期限内自由安排时间作答，并通过网络提交问卷。问卷回收之后采用 SPSS 16.0 进行分析。

（二）周工作时间记录法

1. 研究对象

采用周工作时间记录法，抽取北京市东城区、西城区、海淀区、朝阳区、通州区、昌平区、密云区等 7 个区 8 所学校 28 位教师参与研究。其中，小学教师 17 位（涉及语文、数学、英语、道德与法治、体育、科学、美术等学科）、初中教师 11 位（涉及语文、数学、英语、道德与法治、历史、地理、物理、生物等学科），具体样本信息如表 2 所示。

---

① 李新：《教师的工作负担及其影响因素研究——基于中国教育追踪调查（2014~2015 学年）数据的实证分析》，《上海教育科研》2019 年第 3 期；王洁、宁波：《国际视域下上海教师工作时间与工作负担：基于 TALIS 数据的实证研究》，《教师教育研究》2018 年第 6 期。

表 2　参与周工作时间记录教师样本信息

序号	学校	学段	学科	教龄	职称	是否班主任	任教年级	是否骨干	是否有行政职务
1	A 小学	小学	语文	31	一级教师	班主任	六年级	否	否
2	A 小学	小学	体育	5	二级教师	否	六年级	否	否
3	A 小学	小学	数学	16	高级教师	否	三年级	市骨	年级组长
4	B 小学	小学	英语	8	一级教师	否	二、三年级	区学带	教研组长
5	B 小学	小学	语文	5	二级教师	班主任	六年级	否	否
6	B 小学	小学	道德与法治	23	高级教师	副班主任	四、五年级	区骨	教研组长
7	C 小学	小学	语文	23	一级教师	班主任	六年级	区骨	教研组长
8	C 小学	小学	英语	32	一级教师	否	一年级	否	否
9	C 小学	小学	美术	7	二级教师	副班主任	三、四年级	否	否
10	D 小学	小学	体育	0	未评聘	否	五、六年级	否	否
11	D 小学	小学	语文	22	一级教师	班主任	四年级	区骨	否
12	D 小学	小学	数学	9	一级教师	副班主任	二年级	区骨	否
13	E 学校	小学	语文	3	二级教师	班主任	四年级	校骨	年级组长
14	E 学校	小学	体育	14	一级教师	副班主任	三年级	校骨	教研组长
15	E 学校	小学	语文	3	二级教师	班主任	三年级	校骨	备课组长
16	E 学校	小学	科学	4	二级教师	副班主任	二至五年级	校骨	备课组长
17	E 学校	小学	体育	8	一级教师	否	二年级	校骨	团队干部
18	F 中学	初中	物理	19	一级教师	否	初三	区骨	否
19	F 中学	初中	数学	6	二级教师	班主任	初一	否	否
20	F 中学	初中	英语	6	二级教师	否	初二	否	团委书记
21	G 中学	初中	历史	2	二级教师	班主任	初一、初二	否	否
22	G 中学	初中	语文	27	一级教师	班主任	初二	区骨	否
23	G 中学	初中	道德与法治	5	二级教师	否	初三	否	否
24	H 中学	初中	语文	18	高级教师	班主任	初二	市骨	否
25	H 中学	初中	地理	2	二级教师	否	初一	否	否
26	H 中学	初中	英语	2	二级教师	否	初二	否	否
27	E 学校	初中	生物	15	一级教师	否	七年级	否	教研组长
28	E 学校	初中	数学	19	高级教师	班主任	九年级	校骨	否

2. 研究工具

研究者以一周为单位，编制出教师工作时间记录表，请教师不间断记录在一周内所有跟工作相关的工作内容与工作时间。

三　研究结果

（一）教师工作时间："双减"背景下中小学教师工作负担明显增加

在问卷调查中，请中小学教师判断"双减"后在校工作时间的变化情况，超过八成的教师都选择"在校工作时间"和"下班工作时间"大幅增加。中小学教师认为在校工作时间平均增加了 1.55 小时，按照 5 个工作日测算，平均每周增加 7.75 小时；中小学教师认为下班工作时间平均增加了 1.38 小时，按照 5 个工作日测算，平均每周增加 6.90 小时（见表3）。在"双减"实施之前，2020 年我们测得中小学教师周平均工作时间为 56.8 小时，[①] 按照在校工作时间平均增加了 7.75 小时和下班工作时间平均增加了 6.90 小时测算，"双减"实施之后，教师周平均工作时间为 71.45 小时，"双减"背景下中小学教师工作时间显著增加。

表3　教师工作时间增加情况

单位:%，小时

	选择"增加了"	平均数	标准差	中位数
在校工作时间增加情况	90.41	1.55	0.51	2
下班工作时间增加情况	79.31	1.38	0.52	1

问卷调查的数据得到了周工作时间记录的验证。我们对教师记录的周工作时间数据进行整理分析发现，中小学教师周工作时间为 47.33~76.50 小时，平均周工作时间为 61.22 小时，中位数为 62.20 小时。其中，班主任平均周工作时间为 62.44 小时，非班主任平均周工作时间为 60.43 小时，班主任工作时间多于非班主任。分学段来看，小学教师周工作时间为 47.33~

---

① 宋洪鹏、郝保伟、鱼霞：《中小学教师不合理负担表现、不利影响及应对策略——基于北京市的调查》，《教育科学研究》2021 年第 10 期。

76.50 小时，平均周工作时间为 59.44 小时，中位数为 60.42 小时；初中教师周工作时间为 54.92~71.33 小时，平均周工作时间为 63.98 小时，中位数为 63.58 小时。与 2020 年北京教育科学研究院教师研究中心对 14350 位教师调研的数据进行比较发现，① 小学教师周工作时间增加了 4.22 小时，初中教师周工作时间增加了 7.13 小时。这明显多于劳动法中平均每周工作不超过 44 小时的法定工作时间。与 2018 年 TALIS 获得的 48 个国家和地区的教师工作时间数据相比，北京市中小学教师每周工作时间比 48 个国家和地区的初中教师平均工作时间（38.3 小时）多出 22.92 小时，比排名最高的日本初中教师工作时间（56 小时）多出 7.98 小时、比小学教师工作时间（54.4 小时）多出 5.04 小时。② 这说明中小学教师工作时间过长，这给中小学教师队伍带来很大的挑战。

（二）教师工作任务：与教学相关的工作任务最多，迎接检查评比等非教育教学工作也占较大的比例，备课、研修学习时间减少，非教育教学工作增加

本报告将教师工作日在校时间的工作任务分为上课、备课、辅导学生、批改作业、学生管理、课后服务、教研（培训、学习、课题研究）、家校沟通、非教育教学工作（各种检查评比等）等 9 项。由结果可知（见图 1），教师上课时间最多，占总在校时间的 22.63%；其次是备课时间，占总在校时间的 13.13%；非教育教学工作（各种检查评比等）时间也较多，占总在校时间的 10.62%；批改作业、学生管理、课后服务和辅导学生时间也较多，占总在校时间的比重为 9.28%~10.34%。同时，需要注意的是，与教师专业发展密切相关的教研（培训、学习、课题研究）时间较少。与 2020年的调研数据相比，备课时间占比减少了 3.16 个百分点，非教育教学工作（各种检查评比等）时间占比增加了 1.5 个百分点，教研（培训、学习、课

---

① 宋洪鹏、郝保伟、鱼霞：《中小学教师不合理负担表现、不利影响及应对策略——基于北京市的调查》，《教育科学研究》2021 年第 10 期。
② OECD, "TALIS 2018 Data," http：//www.oecd.org/education/talis/.

题研究）与之前变化不大。而这与周工作时间记录得到的数据有较大出入。从教师工作内容中的教研、研修学习的时间来看，中小学教师每周研修学习的时间为 0~6 小时，平均数为 2.43 小时，仅占周工作时间的 3.97%，中位数为 2.04 小时。需要指出的是，有 7 位教师没有研修学习时间。分学段来看，小学教师每周研修学习的时间为 0~5.75 小时，平均数为 2.02 小时，仅占周工作时间的 3.40%，中位数为 2.00 小时，其中 6 位教师没有研修学习时间；初中教师每周研修学习的时间为 0~6 小时，平均数为 3.05 小时，仅占周工作时间的 4.77%，中位数为 3.33 小时。与 2020 年调研数据（教研学习时间约占 7.20%）进行比较发现，中小学教师每周研修学习时间占比下降了 3.23 个百分点。这说明"双减"政策实施后，中小学教师每周的研修学习时间明显减少。

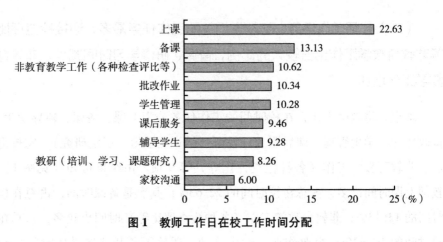

图 1　教师工作日在校工作时间分配

对于可以适当减少的工作，请参与调查教师至少选择 1 项，结果发现，选择最多的选项是"非教育教学工作（各种检查评比等）"，占总数的 88.2%；其次是"课后服务"，占总数的 62.4%；选择"学生管理"、"家校沟通"和"教研（培训、学习、课题研究）"的教师比例也较大；其他选项选择人数较少（见图 2）。由此可知，绝大多数教师认为可以适当减少非教育教学工作（各种检查评比等）和课后服务工作。

对于不同学段的教师进行分析可以看出（见图 3），小学教师和初中教

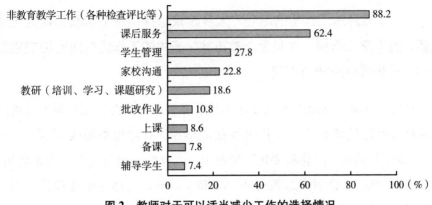

图2 教师对于可以适当减少工作的选择情况

师对可以适当减少工作的排序基本一致，说明小学教师和初中教师均认为需要减少最多的工作是"非教育教学工作（各种检查评比等）"，其次是"课后服务"。我们也要看到，小学教师和初中教师在一些工作的选择比例上有较大差异，小学教师选择"课后服务"的比例（67.2%）明显高于初中教师（51.3%），而初中教师选择"学生管理"的比例（33.5%）明显高于小学教师（25.3%）。

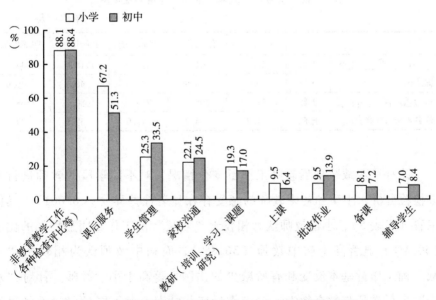

图3 不同学段教师对于可以适当减少工作的选择情况

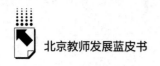

（三）教师对工作量的感受：大多数教师特别是小学教师认为工作量多，近年来工作量，尤其是与教育教学无关的工作量有所增加或明显增加，且教师适应能力不足

对与"双减"前比工作量变化的感受分为教师对总的工作量变化的感受和对与教育教学无关的工作量变化的感受，具体结果如表4所示。在"与'双减'前比，工作量变化"情况中，选择最多的选项是"明显增加"和"有所增加"，分别占总数的46.0%和40.7%；选择其他选项的比重较少。对于"与'双减'前比，与教育教学无关工作量变化"情况，选择最多的选项是"有所增加"和"明显增加"，分别占总数的39.8%和37.1%；选择"基本没变"的教师也占一定的比例，为17.0%；选择其他选项的比重较少。由此可知，无论是"与'双减'前比，工作量变化"还是"与'双减'前比，与教育教学无关工作量变化"，大部分教师认为有所增加或明显增加。

表4　教师认为与"双减"前比工作量的变化情况

单位：人，%

		明显减少	有所减少	基本没变	有所增加	明显增加
与"双减"前比，工作量变化	人数	24	161	377	1718	1944
	比例	0.6	3.8	8.9	40.7	46.0
与"双减"前比，与教育教学无关工作量变化	人数	51	206	719	1680	1568
	比例	1.2	4.9	17.0	39.8	37.1

针对"双减"前后教师工作量变化情况，对不同学段的教师进行卡方检验分析，小学和初中教师的感受存在显著性差异（$p<0.001$）。具体来看（见表5），小学教师认为相较于"双减"前工作量明显增加的比例（50.1%）显著高于初中教师（36.8%），而初中教师认为相较于"双减"前工作量基本没变和有所减少的比例显著高于小学教师。针对"双减"前后教师与教育教学无关工作量变化情况，对不同学段的教师进行

卡方检验分析，小学和初中教师的感受有显著性差异（$p < 0.001$）。具体来看（见表5），小学教师认为相较于"双减"前与教育教学无关工作量明显增加的比例（41.5%）显著高于初中教师（27.2%），而初中教师认为相较于"双减"前与教育教学无关工作量基本没变和有所减少的比例显著高于小学教师。由此可见，有更多的小学教师认为与"双减"前比工作量明显增加。

表5　不同学段教师认为与"双减"前比工作量的变化情况

单位：%

		明显减少	有所减少	基本没变	有所增加	明显增加
与"双减"前比，工作量变化	小学	0.5	2.9	6.7	39.7	50.1
	初中	0.6	5.9	13.9	42.8	36.8
与"双减"前比，与教育教学无关工作量变化	小学	1.1	3.4	13.6	40.4	41.5
	初中	1.5	8.2	24.8	38.4	27.2

从"双减"政策实施后教师的适应情况来看（见表6），选择"一开始不适应，现在适应"的人数最多，占总数的47.1%；其次是选择"现在还没适应，将来能适应"的，为18.6%；选择"一直都适应"和"现在还不适应，将来也很难适应"的也有一定比例，分别为17.8%和16.5%。通过汇总数据，我们看到选择"一直都适应"或"一开始不适应，现在适应"的比例为64.9%，但也需要看到选择"现在还没适应，将来能适应"或"现在还不适应，将来也很难适应"的比例为35.1%，特别是"现在还不适应，将来也很难适应"也有较大的比例。

针对"双减"政策实施后教师的适应情况，对不同学段的教师进行卡方检验分析发现，小学教师和初中教师的感受存在显著差异（$p < 0.001$）。具体来看（见表7），小学教师选择"现在还不适应，将来也很难适应"的比例（18.0%）明显高于初中教师（13.2%），而初中教师选择"一直都适应"的比例（24.5%）明显高于小学教师（14.8%）。

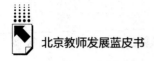

表6 "双减"政策实施后教师的适应情况

单位：人，%

	一直都适应	一开始不适应，现在适应	现在还没适应，将来能适应	现在还不适应，将来也很难适应
人数	751	1989	786	698
比例	17.8	47.1	18.6	16.5

表7 "双减"政策实施后不同学段教师的适应情况

单位：%

	一直都适应	一开始不适应，现在适应	现在还没适应，将来能适应	现在还不适应，将来也很难适应
小学	14.8	48.3	18.9	18.0
初中	24.5	44.4	18.0	13.2

四 对策与建议

（一）建立政府统筹、学校负责的协同机制落实课后服务工作

在落实"双减"政策时，特别是针对课后服务工作，建议建立政府统筹、学校负责的协同机制。"双减"政策要求"提升学校课后服务水平，满足学生多样化需求"，强调"课后服务一般由本校教师承担，也可聘请退休教师、具备资质的社会专业人员或志愿者提供"。从具体实施来看，课后服务在教师在校工作时间分配上超过了10%，教师选择可以适当减少课后服务工作的比例较大。因此，建议在发挥学校课后服务主体作用基础上，政府统筹优化师资配置，将公办校外教育机构教师、具备资质的社会专业人员、非学科培训机构教师纳入课后服务教师队伍中。市、区级教育行政部门要适当扩充公办校外教育机构教师队伍的规模，增加其工作职责，将承担课后服务工作纳入其工作范畴；市级教育行政部门制定具备资质的社会专业人员、

非学科培训机构教师参与课后服务的实施细则，颁布具体的资质认证办法，并通过购买服务的形式将其引入学校。一部分具备资质的校外教育机构教师进入学校提供课后服务，不仅能够丰富课后服务内容、提升课后服务质量，还能减轻教师的工作负担。同时，提供专项经费支持，提高课后服务费用标准，保障高质量的课后服务。

（二）整合资源提供更多的人力和待遇支持

教师认为工作时间较长、工作负担较重的一个重要原因是付出与收获不成正比，或者说教师没有获得相应的资源支持。[1] Demerouti 等在《倦怠的工作要求-资源模型》（The Job Demands-resources Model of Burnout）中提出的工作要求-资源模型强调，不管哪种工作，社会心理的工作特征被归为两类：工作要求（job demands）和工作资源（job resources）。工作要求需要持续的身体或心理上的努力，与身体或心理上的消耗相关，包括身体负担、时间压力等，工作要求导致负担过重和精疲力竭。工作资源旨在实现工作目标、减少工作要求带来的身体或心理上的消耗、促进个人成长和发展，包括反馈、报酬、参与、领导支持等方面，缺乏工作资源不能满足工作需要，进而可能导致退出行为。[2] 该模型启示我们，要想减轻教师的工作负担，就要提供充足的工作资源以满足工作需要。

要减轻教师的工作负担，就要为教师提供充足的工作资源。一是增加教师供给。教师工作时间长，尤其是班主任工作负担过重，与一线教师数量不足有很大关系。为此，一方面，政府要组织编办、人社局、教委、财政局等依据教育发展实际研究出台新的编制核算办法，适当提高教师编制配备标准；另一方面，教育行政部门要继续对当前的编制进行优化。自 2021 年 8 月开始，北京大面积、大比例推进干部教师交流轮岗，由东城区和密云区的先行试点到现在的全覆盖，不仅推动教育均衡发展，而且缓解区域内学校结

---

① 李新翠：《中小学教师工作量的超负荷与有效调适》，《中国教育学刊》2016 年第 2 期。

② Demerouti, E., Bakker, A. B., Nachreiner, F., & Schaufeli, B. W., "The Job Demands-resources Model of Burnout," *Journal of Applied Psychology* 2001 (3).

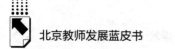

构性教师短缺难题。在推进干部教师交流轮岗的过程中,有条件的区域还可创新人事管理体制机制,打破编制对教师队伍发展的限制,通过经济杠杆和户籍杠杆吸引优秀社会化人才进入教师队伍,为区域教育发展提供充足的人才保障。二是要进一步提高教师的待遇。教师感知到工作负担过重,与待遇不高也有一定的关系。从2022年北京市19个国民经济行业城镇非私营单位就业人员的平均工资来看,中小学教师的工资水平排在第六位,处于中等水平,与金融业,信息传输、软件和信息技术服务业等还有较明显差距(与两个行业的差距都超过10万元),从2022年全国的数据来看,教师在19个国民经济行业中排名第八位。因此,要继续完善中小学教师待遇保障机制,进一步提高教师的待遇水平。

(三)搭建中小学教师专业发展平台

"双减"背景下,中小学教师教研学习时间减少,容易导致教师的发展后劲不足,不利于课堂教学质量的提升。教育行政部门要整合培训资源,为中小学教师搭建更多的专业发展平台,为科任教师和班主任提供更多的培训,尤其是加强对教师作业设计能力和课堂教学能力的培训,为中小学教师适应"双减"政策要求和可持续发展提供强有力的支持。特别是对专业能力更加薄弱的乡村教师,应予以政策倾斜,建议将乡村教师支持计划的政策重点放在提高乡村教师专业素质上,搭建多元化的乡村教师专业发展平台,进一步提升政治素质和师德水平,全面提高专业水平,激发队伍活力,切实提高工作绩效。

(四)提高学校治理水平

教师不合理负担过重,与学校的管理能力和治理水平有很大的关系。学校应对标《义务教育学校管理标准》,实现依法办学、科学管理,逐步实现学校治理的现代化。对于减轻教师的负担,学校要着重做好以下几个方面的工作。一是学校要尊重教育规律,科学合理地开展管理和落实改革。在实施某项改革前,学校要经过充分的科学论证,广泛征求教师意见,先行试点再推广，以免改革失败给教师带来不必要的工作负担。二是学校要优化教师考核评价制度，严禁简单用升学率和考试成绩作为评价教师的主要依据。学校在评价教师时，要更多地关注教师的发展，实施发展性评价和增值性评价，将评价作为教师专业发展的重要方式。三是学校要提高内部管理效率。学校明确各管理部门职责，梳理非教育教学任务清单，安排专人负责，减少非教育教学工作对教师的干扰。

（五）建立中小学教师"弹性上下班"制度

鉴于教师工作时间较长的现实问题，建议教育行政部门落实"双减"政策的要求，在深入调研的基础上探索建立中小学教师"弹性上下班"制度。建议制定市区校三级弹性工作制度，市区校分别制定指导意见、实施办法和具体实施方案，尤其要充分尊重学校制定的实施方案，根据不同学段（特别是小学）、不同教师主体（科任教师、主科教师、班主任等）提出不同措施，积极探索基于核心工作时间、空间、工作任务、不同工作岗位等多元化的弹性工作模式。

B.5
"双减"背景下北京市中小学教师幸福感研究报告

李一飞 *

摘　要：　幸福感是衡量教师群体心理健康状况的一项关键指标，对其现状的调查和分析至关重要。本报告依据 TALIS（2021）教师职业幸福感问卷，编制中小学教师幸福感问卷，对北京市 11 个区中小学教师进行问卷调查，共收集到有效数据 2904 份。研究发现，北京市中小学教师幸福感总体上处于较高水平，在幸福感四个维度中，认知幸福感得分最高，社会幸福感和主观幸福感次之，健康幸福感最低。不同职称、学段、学历，是否担任班主任，不同教师工作岗位在幸福感不同维度上存在显著差异；校园环境的所有维度与幸福感的所有维度有强正相关。基于此，本报告提出，在"双减"背景下，提升中小学教师幸福感的建议：实施弹性工作制，提升认知幸福感；加强多元教学与评估策略培训，提升认知幸福感；做研究型教师，提升主观幸福感；密切关注教师身心健康，提升教师健康幸福感；提倡不忘初心、关爱教师的校园文化，提升教师社会幸福感。

关键词：　"双减"　幸福感　中小学教师

一　研究背景

　　教师面临来自各方的殷切希望，要不负国家嘱托，做"四有好老师"；要为社会培养高素质公民，着重培养学生的核心素养，以适应未来的挑战；

＊ 李一飞，北京教育科学研究院教师研究中心助理研究员，研究方向为教师教育、教育心理。

要积极开展家校合作，与家长形成合力，让学生在学校有充分的"获得感"。所以，教师在社会与教育系统中发挥着越来越重要的作用。

"双减"后，教师也面临新的挑战与机遇，教师要提高作业设计能力，提高课堂教学能力，提高课后服务能力。这些提高背后的要求是教师努力提升自己，做高素质、专业化、创新型教师。

教师能否承受住"双减"压力？幸福感是衡量教师群体心理健康状况的一项关键指标，对其现状的调查和分析至关重要。同时，享有职业幸福是教师的基本权利。中共中央、国务院于 2018 年发布的《关于全面深化新时代教师队伍建设改革的意见》指出："到 2035 年……尊师重教蔚然成风，广大教师在岗位上有幸福感、事业上有成就感、社会上有荣誉感，教师成为让人羡慕的职业。"①

在这些背景下，本报告围绕教师幸福感，从北京市中小学教师幸福感的水平、基本特征和影响因素等方面进行深入的研究。

二　研究设计

（一）研究内容

基于评估中小学教师幸福感状况的研究目的，本报告进行了如下研究：

一是中小学教师幸福感的总体水平；

二是认知幸福感水平及差异检验；

三是主观幸福感水平及差异检验；

四是健康幸福感水平及差异检验；

五是社会幸福感水平及差异检验；

六是校园环境与幸福感的相关检验。

---

① 《中共中央　国务院关于全面深化新时代教师队伍建设改革的意见》，http://www.moe.gov.cn/jyb_xwfb/xw_zt/moe_357/jyzt_2018n/2018_zt03/。

（二）研究方法

1.研究对象

本报告以中小学专任教师为研究对象，采取目的抽样和整群抽样相结合的方法，选择包括核心城区和郊区在内的11个区中小学教师进行问卷调查。研究结合教师的性别、职称、学段、最高学历、学校所在地、是否班主任、是否干部等因素，共收集到有效数据2904份，问卷有效率为90.21%。教师被试样本的人口学特征如表1所示。

表1 被试样本的人口学特征

单位：人，%

类别		人数	所占比例
性别	男	533	18.4
	女	2371	81.6
是否班主任	是	1197	41.2
	否	1707	58.8
学段	小学	2088	71.9
	初中	810	27.9
	缺失值	6	0.2
职称	未定级	225	7.7
	初级	916	31.5
	中级	1144	39.4
	高级	619	21.3
学校所在地	城区	1940	66.8
	乡镇	562	19.4
	乡村	402	13.8
是否干部	普通任课教师	2302	79.3
	干部	602	20.7
最高学历	专科及以下	61	2.1
	本科	2441	84.1
	研究生	402	13.8
合计		2904	100

注：在学段类别中，选择"无"的人数仅有6人，数量较少，故将其设置为缺失值处理。

2.研究工具

本报告以 OECD 2021 年 TALIS（Teaching and Learning International Survey，是一项针对学校学习环境与教师工作情况的国际性调查）教师职业幸福感问卷为基础，参考北京市中小学教师实际情况对原问卷进行修订，编制了包括认知幸福感、主观幸福感、健康幸福感、社会幸福感等四个维度（见表2）的新问卷。① 问卷采用四点量表。该问卷编制过程科学规范，具有良好的信度和效度。在本次调研中，该问卷也显示了良好的信度，整体的 Cronbach's α 系数为 0.983，各维度的 Cronbach's α 系数为 0.947~0.985。

表 2　中小学教师幸福感问卷维度

一级维度	二级维度	一级维度	二级维度
认知幸福感	专注工作	主观幸福感	工作目的性
	课堂管理效能	健康幸福感	心理健康
	教学效能		身体健康
	学生参与效能	社会幸福感	同事关系
主观幸福感	工作满意度		与校长的关系
	生活满意度		师生关系
	情绪影响		信任感

三　研究结果

（一）幸福感基本特征与差异检验

1.幸福感总体情况：认知幸福感得分最高，社会幸福感和主观幸福感次之，健康幸福感最低

本报告从中小学教师幸福感的总体水平及四个维度，即认知幸福感、主观幸福感、健康幸福感、社会幸福感，分析教师幸福感水平。从表3可以看

---

① 李刚、吕立杰：《PISA2021 教师职业幸福感测评：框架与特点》，《中国考试》2020 年第 11 期。

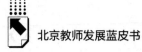

北京教师发展蓝皮书

出，北京市中小学教师总体幸福感的均值为 3.03。四个维度中，认知幸福感得分最高，达到 3.29；社会幸福感和主观幸福感次之，分别为 3.11 和 3.08；健康幸福感最低，只有 2.57。

表 3　中小学教师总体幸福感描述统计

	样本数（人）	均值	标准差
认知幸福感	2904	3.29	0.49
主观幸福感	2904	3.08	0.57
健康幸福感	2904	2.57	1.08
社会幸福感	2904	3.11	0.38
总体幸福感	2904	3.03	0.29

由于幸福感四个维度的测量及选项含义不同，差异检验显著项目也不同，为了更好地分析问题及成因，下面逐一分析四个维度的基本情况及差异检验结果。

2. 维度一：认知幸福感水平及差异检验

（1）认知幸福感总体水平：课堂管理和学生参与效能得分较高，教学效能次之，专注工作得分最低

幸福感的第一个维度认知幸福感有四个二级维度，从表 4 可以看出，北京市中小学教师认知幸福感总体均值为 3.29。四个二级维度中，课堂管理效能和学生参与效能得分较高，分别达到 3.46 和 3.45；教学效能次之，得分为 3.31；专注工作得分最低，只有 2.93。具体分析发现，在"双减"背景下，学校和教师要着重减轻"学生作业负担"和"校外培训负担"，因此要向课堂要质量，让学生"乐学""好学"，因此在认知幸福感的四个二级维度中，教师课堂管理效能和学生参与效能得分较高，均高于 3.40；教师能为感到困惑的学生提供解释，但是评估策略相对单一，不够多元，因此教学效能次之，但也达到 3.30 以上，在认知幸福感的四个二级维度中位列第三；认知幸福感四个二级维度中只有"专注工作"这一个维度均值低于 3.00，处于"比较不符合"和"比较符合"之间，因为"双减"

098

背景下，教师各项工作较多，比较容易分心，很难考虑复杂的事情，因此专注工作得分最低。

表4   中小学教师认知幸福感描述统计

	样本数（人）	均值	标准差
认知幸福感	2904	3.29	0.49
专注工作	2904	2.93	0.67
课堂管理效能	2904	3.46	0.59
教学效能	2904	3.31	0.64
学生参与效能	2904	3.45	0.58

（2）认知幸福感是否担任班主任的差异检验：专注工作维度，班主任得分显著低于非班主任，教学效能维度，班主任得分显著高于非班主任

通过表5可知，在专注工作这个二级维度上，班主任得分为2.91，非班主任得分为2.95，班主任得分显著低于非班主任。通过进一步分析数据和实地调研可知，班主任日常管理事务繁忙，很难有整块时间集中精力思考，因此专注工作得分显著低于非班主任。

表5   中小学教师认知幸福感是否担任班主任的差异检验

	是否担任班主任	样本数（人）	均值	标准差
认知幸福感	是	1197	3.30	0.50
	否	1707	3.27	0.48
专注工作***	是	1197	2.91	0.69
	否	1707	2.95	0.65
课堂管理效能	是	1197	3.51	0.58
	否	1707	3.43	0.59
教学效能*	是	1197	3.33	0.66
	否	1707	3.29	0.63
学生参与效能	是	1197	3.47	0.60
	否	1707	3.43	0.57

注：* 表示 $p < 0.05$，** 表示 $p < 0.01$，*** 表示 $p < 0.001$。

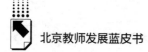

在教学效能这个二级维度上，班主任得分为 3.33，非班主任得分为 3.29，班主任得分显著高于非班主任。通过进一步分析数据和实地调研可知，"双减"背景下，班主任能够更全面地了解学生，评估和激励学生的手段也更多元化，因此班主任教学效能得分显著高于非班主任。

除以上两个二级维度外，认知幸福感整体、课堂管理效能和学生参与效能均无显著差异。

（3）认知幸福感学历的差异检验：本科学历显著高于专科及以下

通过表 6 可知，认知幸福感整体在最高学历方面存在显著差异，通过进一步分析发现，本科学历得分为 3.30，显著高于专科及以下的 3.15，但本科与研究生，研究生与专科及以下差异不显著。

在课堂管理效能这个二级维度上，本科学历得分为 3.48，显著高于研究生的得分 3.38 和专科及以下的得分 3.30，研究生和专科及以下之间差异不显著。通过进一步分析数据和实地调研可知，"双减"背景下，本科学历是小学和初中教师的学历主体，他们比专科及以下学历的老教师更贴近学生，更能预期学生行为；他们比研究生学历的新教师更有课堂管理技巧，能控制教室中的突发情况，让学生遵守课堂守则。

在教学效能这个二级维度上，本科学历得分为 3.32，显著高于专科及以下的得分 3.11，研究生与本科和专科及以下差异都不显著。通过进一步分析数据和实地调研可知，"双减"要求多元评价学生，在该背景下，本科学历比专科及以下学历教师掌握更丰富的多元评估策略与方法。

在学生参与效能这个二级维度上，本科学历得分为 3.46，显著高于专科及以下得分 3.29，研究生和专科及以下之间差异不显著。通过进一步分析数据和实地调研可知，"双减"背景下，本科学历是小学和初中教师的学历主体，他们比专科及以下学历的老教师更能引导学生批判性思考；他们比研究生学历的新教师更有细心和耐心，能够帮助学生更加重视学习。

表6 中小学教师认知幸福感学历的差异检验

	最高学历	样本数(人)	均值	标准差
认知幸福感*	专科及以下	61	3.15	0.56
	本科	2441	3.30	0.49
	研究生	402	3.25	0.49
	合计	2904	3.29	0.49
专注工作	专科及以下	61	2.88	0.70
	本科	2441	2.93	0.67
	研究生	402	2.94	0.66
	合计	2904	2.93	0.67
课堂管理效能**	专科及以下	61	3.30	0.64
	本科	2441	3.48	0.58
	研究生	402	3.38	0.60
	合计	2904	3.46	0.59
教学效能*	专科及以下	61	3.11	0.69
	本科	2441	3.32	0.64
	研究生	402	3.28	0.63
	合计	2904	3.31	0.64
学生参与效能**	专科及以下	61	3.29	0.63
	本科	2441	3.46	0.58
	研究生	402	3.39	0.60
	合计	2904	3.45	0.58

注：* 表示 $p<0.05$，** 表示 $p<0.01$，*** 表示 $p<0.001$。

3. 维度二：主观幸福感水平及差异检验

（1）主观幸福感总体水平：工作满意度和生活满意度得分较高，工作目的性次之，情绪影响得分最低

幸福感的第二个维度主观幸福感有四个二级维度，从表7可以看出，北京市中小学教师主观幸福感总体均值为3.08。在四个二级维度中，工作满意度和生活满意度得分较高，分别达到3.31和3.29；工作目的性次之，得分为3.03；情绪影响得分最低，只有2.70。具体分析发现，在"双减"背

景下，北京市中小学教师的工作满意度和生活满意度都较高，有较强的职业认同，并愿意为之奋斗；工作目的性较明确，并有相应的计划与安排；但是工作中心情相对紧张，缺乏活力与激情，因此情绪影响得分最低。

表7　中小学教师主观幸福感描述统计

	样本数（人）	均值	标准差
主观幸福感	2904	3.08	0.57
工作满意度	2904	3.31	0.77
生活满意度	2904	3.29	0.84
情绪影响	2904	2.70	0.69
工作目的性	2904	3.03	0.49

（2）主观幸福感学段的差异检验：在工作满意度上，小学教师显著低于初中教师；在生活满意度上，小学教师显著低于初中教师；在情绪影响上，小学教师显著低于初中教师

通过表8可知，主观幸福感整体在学段方面存在显著差异，小学教师得分为3.05，显著低于初中教师的3.17。

在工作满意度这个二级维度上，小学教师得分为3.26，显著低于初中教师的3.44。通过进一步分析数据和实地调研可知，在"双减"背景下，小学教师通常是全员全天到岗，很难实施弹性工作制，所以小学教师的工作环境满意度显著低于初中教师，而且小学生由于其身心特点，需要教师更多地督促与管理，"双减"后，学生全部学业乃至全部身心发展责任压在教师身上，所以小学教师的教学专业满意度也显著低于初中教师。

在生活满意度这个二级维度上，小学教师得分为3.25，显著低于初中教师的3.39。通过进一步分析数据和实地调研可知，在"双减"背景下，小学教师通常是全员全天到岗，很难实施弹性工作制，小学教师更难照顾家庭，所以小学教师的生活满意度显著低于初中教师。

在情绪影响这个二级维度上，小学教师得分为2.66，显著低于初中教

师的 2.82。通过进一步分析数据和实地调研可知，目前小学班额加大，在"双减"背景下，小学教师在校时间长，更多地被日常事务所困，时刻准备处理突发事件，很难感到平静放松，所以小学教师的情绪影响显著低于初中教师。

工作目的性这个二级维度无显著差异。这说明尽管中小学教师在工作满意度和生活满意度上有较大差异，每天受到的情绪影响也有所不同，但是他们教书育人的工作目的性没有差异，都维持在较高水平。

表8　中小学教师主观幸福感学段的差异检验

	学段	样本数(人)	均值	标准差
主观幸福感***	小学	2088	3.05	0.59
	初中	810	3.17	0.50
工作满意度***	小学	2088	3.26	0.81
	初中	810	3.44	0.65
生活满意度***	小学	2088	3.25	0.88
	初中	810	3.39	0.74
情绪影响***	小学	2088	2.66	0.70
	初中	810	2.82	0.65
工作目的性	小学	2088	3.03	0.50
	初中	810	3.04	0.47

注：*表示 $p < 0.05$，**表示 $p < 0.01$，***表示 $p < 0.001$。

（3）主观幸福感职称的差异检验：未定级和高级显著高于中级和初级

通过表9可知，主观幸福感整体在职称方面存在显著差异，通过进一步分析发现，未定级（3.21）和高级（3.19）显著高于中级（3.06）和初级（3.02）。

在工作满意度这个二级维度上，未定级（3.46）和高级（3.46）显著高于中级（3.28）和初级（3.22）。通过进一步分析数据和实地调研可知，未定级的通常是新入职教师，在"双减"背景下，新教师更感到教师职业在社会上受到重视，所以工作满意度显著高于初级教师和中级教师。高级教

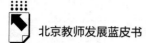

师通常是在工作上有所成就的教师，在"双减"背景下，高级教师承担更多"双减"落实的实际工作与教学指导工作，得到更多的资源与支持，因此工作满意度显著高于初级教师和中级教师。

在生活满意度这个二级维度上，高级教师得分最高（3.46），显著高于其他三类职称的教师，未定级教师（3.31）和中级教师（3.29）得分次之，显著低于高级教师，但是显著高于初级教师（3.17）。通过进一步分析数据和实地调研可知，高级教师通常是在工作上有所成就的教师，在工资、福利待遇上高于其他职称教师，而且高级教师的家庭负担相对较小，所以生活满意度最高。中级教师各方面待遇比上不足比下有余，因此生活满意度相对较高。未定级的通常是新入职教师，生活负担小所以生活满意度也相对较高。初级教师生活负担重，所以生活满意度最低。

在情绪影响这个二级维度上，未定级教师得分最高（2.92），显著高于其他三类职称，高级教师得分次之（2.76），显著低于未定级教师，但是显著高于中级教师（2.66）和初级教师（2.67）。通过进一步分析数据和实地调研可知，未定级的通常是新入职教师，在"双减"背景下，新教师对工作充满新鲜感和动力，因此未定级教师情绪影响得分最高。高级教师通常是在工作上有所成就的教师，在"双减"背景下，高级教师对教育教学的本质有更高的认识，也有更高的教育教学能力，所以在工作中时常能发现新的研究点，焕发新的工作热情，因此情绪影响显著高于初级教师和中级教师。

在工作目的性这个二级维度上，未定级教师（3.14）和高级教师（3.07）显著高于中级教师（3.00）和初级教师（3.02）。通过进一步分析数据和实地调研可知，未定级的通常是新入职教师，在"双减"背景下，新教师更能找到工作的方向感与目的感，所以未定级教师的工作目的性显著高于初级教师和中级教师。高级教师通常是在工作上有所成就的教师，在"双减"背景下，高级教师能更多地规划工作并实现，因此工作目的性显著高于初级教师和中级教师。

表9 中小学教师主观幸福感职称的差异检验

	职称	样本数(人)	均值	标准差
主观幸福感***	未定级	225	3.21	0.56
	初级	916	3.02	0.60
	中级	1144	3.06	0.57
	高级	619	3.19	0.51
	合计	2904	3.08	0.57
工作满意度***	未定级	225	3.46	0.72
	初级	916	3.22	0.81
	中级	1144	3.28	0.78
	高级	619	3.46	0.70
	合计	2904	3.31	0.77
生活满意度***	未定级	225	3.31	0.88
	初级	916	3.17	0.89
	中级	1144	3.29	0.83
	高级	619	3.46	0.73
	合计	2904	3.29	0.84
情绪影响***	未定级	225	2.92	0.67
	初级	916	2.67	0.72
	中级	1144	2.66	0.68
	高级	619	2.76	0.66
	合计	2904	2.70	0.69
工作目的性***	未定级	225	3.14	0.43
	初级	916	3.02	0.51
	中级	1144	3.00	0.48
	高级	619	3.07	0.48
	合计	2904	3.03	0.49

注：* 表示 $p<0.05$，** 表示 $p<0.01$，*** 表示 $p<0.001$。

4. 维度三：健康幸福感水平及差异检验

（1）健康幸福感总体水平：身心症状普遍存在，身体健康得分相对较高，心理健康得分较低

幸福感的第三个维度健康幸福感有两个二级维度，从表10可以看出，北京市中小学教师健康幸福感总体均值为2.57，得分相对较低。在两个二级维度中，

身体健康得分较高（2.65），心理健康得分较低（2.49）。我们通过具体分析发现，在"双减"背景下，北京市中小学教师身心压力较大，普遍经常出现头疼、胃疼、失眠等身体健康问题和紧张、疲劳、焦虑等心理健康问题。

表10　中小学教师健康幸福感描述统计

	样本数（人）	均值	标准差
健康幸福感	2904	2.57	1.08
心理健康	2904	2.49	1.14
身体健康	2904	2.65	1.16

（2）健康幸福感岗位的差异检验：在健康幸福感这个维度上，干部显著低于普通任课教师

通过表11可知，在健康幸福感这个维度上，普通任课教师得分为2.57，干部得分为2.53，干部显著低于普通任课教师。在心理健康这个二级维度上，普通任课教师与干部无显著差异。在身体健康这个二级维度上，普通任课教师得分为2.65，干部得分为2.62，干部得分显著低于普通任课教师。通过进一步分析数据和实地调研可知，在"双减"背景下，干部需要负责列计划、写总结、收集处理各种信息等工作，无法保证正常睡眠和一日三餐，因此干部身体健康得分显著低于普通任课教师。

表11　中小学教师健康幸福感岗位的差异检验

	岗位	样本数（人）	均值	标准差
健康幸福感 *	普通任课教师	2302	2.57	1.09
	干部	602	2.53	1.02
心理健康	普通任课教师	2302	2.50	1.15
	干部	602	2.44	1.09
身体健康 **	普通任课教师	2302	2.65	1.17
	干部	602	2.62	1.10

注：* 表示 $p<0.05$，** 表示 $p<0.01$，*** 表示 $p<0.001$。

（3）健康幸福感职称的差异检验：未定级教师的身体健康幸福感和心理健康幸福感都显著高于初级教师、中级教师和高级教师

通过表12可知，健康幸福感整体在职称方面存在显著差异，通过进一步分析发现，未定级教师（3.08）显著高于初级教师（2.58）、中级教师（2.49）和高级教师（2.49）。

在心理健康这个二级维度上，未定级教师（2.91）显著高于初级教师（2.45）、中级教师（2.43）和高级教师（2.49）。通过进一步分析数据和实地调研可知，未定级的通常是新入职教师，在"双减"背景下，新入职教师有更多干劲与活力，因此紧张、焦虑、易怒等负面情绪较少，心理健康显著高于其他三类职称的教师。

在身体健康这个二级维度上，未定级教师（3.25）显著高于其他三类职称教师，初级教师（2.72）显著低于未定级教师，但是显著高于中级教师（2.55）和高级教师（2.49）。通过进一步分析数据和实地调研可知，通常情况下，职称越高，年龄越大，因此职称越高，身体健康幸福感越低。教师身体健康幸福感是幸福感所有一级和二级维度中较低的一项，身体健康幸福感显著衰退，说明教师的身体健康亟待关切。

表12　中小学教师健康幸福感职称的差异检验

	职称	样本数（人）	均值	标准差
健康幸福感***	未定级	225	3.08	1.13
	初级	916	2.58	1.09
	中级	1144	2.49	1.06
	高级	619	2.49	1.04
	合计	2904	2.57	1.08
心理健康***	未定级	225	2.91	1.25
	初级	916	2.45	1.15
	中级	1144	2.43	1.10
	高级	619	2.49	1.12
	合计	2904	2.49	1.14

	职称	样本数（人）	均值	标准差
身体健康***	未定级	225	3.25	1.18
	初级	916	2.72	1.17
	中级	1144	2.55	1.14
	高级	619	2.49	1.09
	合计	2904	2.65	1.16

注：* 表示 $p<0.05$，** 表示 $p<0.01$，*** 表示 $p<0.001$。

5. 维度四：社会幸福感水平及差异检验

（1）社会幸福感总体水平：师生关系得分最高，信任感和同事关系次之，与校长的关系得分最低

幸福感的第四个维度社会幸福感有四个二级维度，从表 13 可以看出，北京市中小学教师社会幸福感总体均值为 3.11。在四个二级维度中，师生关系得分最高，达到 3.20；信任感和同事关系次之，得分分别为 3.16 和 3.15；与校长的关系得分最低，只有 2.92，处于"比较不符合"与"比较符合"之间。通过进一步分析数据和实地调研可知，在"双减"背景下，北京市中小学教师能与学生形成良好互动，尊重、喜爱学生，时刻关注学生的情绪变化，教师间彼此信任，与同事相处愉快，但是教师工作任务加重，对学校领导工作协调和人文关怀的需求就更高，如果不能充分感受到领导的激励与关注，就会降低与校长的关系维度的幸福感得分。

表 13 中小学教师社会幸福感描述统计

	样本数（人）	均值	标准差
社会幸福感	2904	3.11	0.38
同事关系	2904	3.15	0.46
与校长的关系	2904	2.92	0.52
师生关系	2904	3.20	0.49
信任感	2904	3.16	0.47

（2）社会幸福感学段的差异检验：在同事关系上，小学教师得分显著高于初中教师；在师生关系上，小学教师得分显著高于初中教师

通过表14可知，社会幸福感整体在学段方面存在显著差异，小学教师得分为3.12，显著高于初中教师的3.07。

在同事关系这个二级维度上，小学教师得分为3.17，显著高于初中教师的3.12。通过进一步分析数据和实地调研可知，在"双减"背景下，小学教师通常是全员全天到岗，主科教师为班主任，副科教师通常为副班主任，经常一起搭班，彼此之间也经常互相代课，所以小学教师的同事联系更紧密，同事关系幸福感也显著高于初中教师。

在与校长的关系这个二级维度上，小学教师与初中教师差异不显著。

在师生关系这个二级维度上，小学教师得分为3.21，显著高于初中教师的3.17。通过进一步分析数据和实地调研可知，小学生的独立自主能力不如初中生，在"双减"背景下，小学生在校时间长，在生活、学习等多方面更需要依赖教师，而且小学生学业压力相对较少，未到青春叛逆期，比较容易服从教师，所以小学教师的师生关系幸福感显著高于初中教师。

在信任感这个二级维度上，小学教师得分为3.17，显著高于初中教师的3.12。通过进一步分析数据和实地调研可知，在"双减"背景下，小学教师间需要经常互通有无，一起负责班级管理、协调作业情况等，因此小学教师更能感受到：即使在困难的情况下，我的同事也知道他们可以信任我。因此，小学教师信任感显著高于初中教师。

表14　中小学教师社会幸福感学段的差异检验

	学段	样本数(人)	均值	标准差
社会幸福感***	小学	2088	3.12	0.39
	初中	810	3.07	0.33
同事关系***	小学	2088	3.17	0.47
	初中	810	3.12	0.42

续表

	学段	样本数(人)	均值	标准差
与校长的关系	小学	2088	2.93	0.52
	初中	810	2.89	0.49
师生关系 ***	小学	2088	3.21	0.50
	初中	810	3.17	0.44
信任感 ***	小学	2088	3.17	0.49
	初中	810	3.12	0.43

注: * 表示 $p<0.05$, ** 表示 $p<0.01$, *** 表示 $p<0.001$。

（3）社会幸福感职称的差异检验：在同事关系上，职称差异不显著；在与校长的关系上，未定级教师和初级教师显著高于中级教师；在师生关系上，未定级教师和初级教师显著高于中级教师

通过表15可知，社会幸福感整体在职称方面存在显著差异，通过进一步分析发现，未定级教师（3.18）和初级教师（3.13）显著高于中级教师（3.08）和高级教师（3.10）。

在同事关系这个二级维度上，职称差异不显著。

在与校长的关系这个二级维度上，未定级教师（2.98）和初级教师（2.95）显著高于中级教师（2.89），高级教师（2.92）与三类教师的差异都不显著。通过进一步分析数据和实地调研可知，未定级教师和初级教师通常是新入职教师，处于考察期，他们更能感受到校长的重视，也更多地受到校长的鼓励，但是中级教师在"校长让我感到在学校里很受欢迎"和"校长了解我的需求"方面得分较低，因此中级教师在与校长的关系维度得分最低。

在师生关系这个二级维度上，未定级教师（3.29）和初级教师（3.22）显著高于中级教师（3.17），高级教师（3.18）与三类教师的差异都不显著。通过进一步分析数据和实地调研可知，在"双减"背景下，未定级教师和初级教师比较年轻，比较容易和学生沟通并产生共鸣，比较有激情，因此未定级教师和初级教师在师生关系维度得分较高。中级教师相对有些倦

愳，不如青年教师有激情，又不如高级教师有威望，因此在师生关系维度得分最低。

在信任感这个二级维度上，未定级教师（3.25）和初级教师（3.20）显著高于中级教师（3.11）和高级教师（3.14）。结合进一步分析数据和实地调研可知，学校通常会师徒结对子，未定级教师和初级教师通常是新教师，需要向老教师请教，所以未定级教师和初级教师在信任感维度得分较高。

表 15　中小学教师社会幸福感职称的差异检验

	职称	样本数(人)	均值	标准差
社会幸福感***	未定级	225	3.18	0.40
	初级	916	3.13	0.39
	中级	1144	3.08	0.35
	高级	619	3.10	0.39
	合计	2904	3.11	0.38
同事关系	未定级	225	3.21	0.48
	初级	916	3.17	0.48
	中级	1144	3.14	0.44
	高级	619	3.14	0.46
	合计	2904	3.15	0.46
与校长的关系*	未定级	225	2.98	0.51
	初级	916	2.95	0.52
	中级	1144	2.89	0.51
	高级	619	2.92	0.53
	合计	2904	2.92	0.52
师生关系**	未定级	225	3.29	0.48
	初级	916	3.22	0.50
	中级	1144	3.17	0.47
	高级	619	3.18	0.51
	合计	2904	3.20	0.49

职称	样本数(人)	均值	标准差
未定级	225	3.25	0.49
初级	916	3.20	0.49
中级	1144	3.11	0.45
高级	619	3.14	0.47
合计	2904	3.16	0.47

信任感***（对应左侧栏）

注：* 表示 $p<0.05$，** 表示 $p<0.01$，*** 表示 $p<0.001$。

（二）校园环境满意度对幸福感的影响

1. 校园环境满意度对幸福感总体和一级维度的影响

校园环境有四个维度，从表 16 可以看出以下几个方面。

校园环境四个维度的满意度均与总体幸福感呈现显著正相关，相关系数从高到低依次为：学校管理方式满意度（$r=0.261$，$p<0.001$），学校硬件设施满意度（$r=0.225$，$p<0.001$），薪酬待遇满意度和学生素质满意度（$r=0.178$，$p<0.001$）。这说明学校管理方式是与幸福感最强相关的校园环境因素，学校硬件设施次之，薪酬待遇满意度和学生素质满意度排在第三位。

校园环境四个维度满意度均与幸福感的四个二级维度呈现显著正相关，在学校管理方式满意度方面，从高到低依次为：主观幸福感（$r=0.458$，$p<0.001$），社会幸福感（$r=0.450$，$p<0.001$），健康幸福感（$r=0.278$，$p<0.001$），认知幸福感（$r=0.215$，$p<0.001$）。在学校硬件设施满意度方面，从高到低依次为：主观幸福感（$r=0.366$，$p<0.001$），社会幸福感（$r=0.345$，$p<0.001$），健康幸福感（$r=0.213$，$p<0.001$），认知幸福感（$r=0.197$，$p<0.001$）。在学生素质满意度方面，从高到低依次为：主观幸福感（$r=0.366$，$p<0.001$），社会幸福感（$r=0.362$，$p<0.001$），健康幸福感（$r=0.260$，$p<0.001$），认知幸福感（$r=0.165$，$p<0.001$）。在薪酬待遇满意度方面，从高到低依次为：主观幸福感（$r=$

0.391，$p<0.001$），社会幸福感（$r=0.347$，$p<0.001$），健康幸福感（$r=0.260$，$p<0.001$），认知幸福感（$r=0.136$，$p<0.001$）。这说明校园环境四个因素都是对教师的主观幸福感影响最大，社会幸福感次之，健康幸福感第三，认知幸福感最小。

表16　校园环境满意度与幸福感的相关检验

	校园环境满意度			
	学校管理方式	学校硬件设施	学生素质	薪酬待遇
认知幸福感	0.215***	0.197***	0.165***	0.136***
主观幸福感	0.458***	0.366***	0.366***	0.391***
健康幸福感	0.278***	0.213***	0.260***	0.260***
社会幸福感	0.450***	0.345***	0.362***	0.347***
总体幸福感	0.261***	0.225***	0.178***	0.178***

注：* 表示 $p<0.05$，** 表示 $p<0.01$，*** 表示 $p<0.001$。

2.学校管理方式满意度对幸福感二级维度的影响

学校管理方式满意度与幸福感二级维度相关性从高到低依次是：与校长的关系（$r=0.480$，$p<0.001$），工作满意度（$r=0.413$，$p<0.001$），情绪影响（$r=0.402$，$p<0.001$），信任感（$r=0.375$，$p<0.001$），工作目的性（$r=0.367$，$p<0.001$），生活满意度（$r=0.316$，$p<0.001$），师生关系（$r=0.309$，$p<0.001$），心理健康（$r=0.265$，$p<0.001$），身体健康（$r=0.257$，$p<0.001$），同事关系（$r=0.219$，$p<0.001$），专注工作（$r=0.193$，$p<0.001$），教学效能（$r=0.171$，$p<0.001$），学生参与效能（$r=0.169$，$p<0.001$），课堂管理效能（$r=0.139$，$p<0.001$）（见表17）。这说明学校管理方式是与教师幸福感相关度较高的校园环境因素，学校管理方式越能够做到以人为本，教师幸福感越强，具体表现为，教师对校长越信任，工作满意度越高，情绪越稳定且积极，工作目的性越强。

表 17　学校管理方式满意度与幸福感的相关检验

	学校管理方式满意度		
	相关系数	人数(人)	排序
总体幸福感	0.261 ***	2904	
认知幸福感	0.215 ***	2904	
专注工作	0.193 ***	2904	11
课堂管理效能	0.139 ***	2904	14
教学效能	0.171 ***	2904	12
学生参与效能	0.169 ***	2904	13
主观幸福感	0.458 ***	2904	
工作满意度	0.413 ***	2904	2
生活满意度	0.316 ***	2904	6
情绪影响	0.402 ***	2904	3
工作目的性	0.367 ***	2904	5
健康幸福感	0.278 ***	2904	
心理健康	0.265 ***	2904	8
身体健康	0.257 ***	2904	9
社会幸福感	0.450 ***	2904	
同事关系	0.219 ***	2904	10
与校长的关系	0.480 ***	2904	1
师生关系	0.309 ***	2904	7
信任感	0.375 ***	2904	4

注：＊表示 $p<0.05$，＊＊表示 $p<0.01$，＊＊＊表示 $p<0.001$。

3. 薪酬待遇满意度对幸福感二级维度的影响

薪酬待遇满意度与幸福感二级维度相关性从高到低依次是：情绪影响（$r=0.358$，$p<0.001$），与校长的关系（$r=0.356$，$p<0.001$），工作满意度（$r=0.343$，$p<0.001$），工作目的性（$r=0.314$，$p<0.001$），信任感（$r=0.291$，$p<0.001$），生活满意度（$r=0.266$，$p<0.001$），师生关系（$r=0.254$，$p<0.001$），心理健康（$r=0.246$，$p<0.001$），身体健康（$r=0.243$，$p<0.001$），同事关系（$r=0.166$，$p<0.001$），专注工作（$r=0.151$，$p<$

0.001），教学效能（r = 0.105，p<0.001），学生参与效能（r = 0.095，p<0.001），课堂管理效能（r = 0.069，p<0.001）（见表 18）。这说明薪酬待遇虽然不是与幸福感最强相关因素，但是提高薪酬可以提升积极情感，建立与校长的信任关系，提高工作和生活满意度，增强工作目的性。

表 18　薪酬待遇满意度与幸福感的相关检验

	薪酬待遇满意度		
	相关系数	人数（人）	排序
总体幸福感	0.178 ***	2904	
认知幸福感	0.136 ***	2904	
专注工作	0.151 ***	2904	11
课堂管理效能	0.069 ***	2904	14
教学效能	0.105 ***	2904	12
学生参与效能	0.095 ***	2904	13
主观幸福感	0.391 ***	2904	
工作满意度	0.343 ***	2904	3
生活满意度	0.266 ***	2904	6
情绪影响	0.358 ***	2904	1
工作目的性	0.314 ***	2904	4
健康幸福感	0.260 ***	2904	
心理健康	0.246 ***	2904	8
身体健康	0.243 ***	2904	9
社会幸福感	0.347 ***	2904	
同事关系	0.166 ***	2904	10
与校长的关系	0.356 ***	2904	2
师生关系	0.254 ***	2904	7
信任感	0.291 ***	2904	5

注：＊ 表示 $p<0.05$，＊＊ 表示 $p<0.01$，＊＊＊ 表示 $p<0.001$。

4. 学校硬件设施满意度对幸福感二级维度的影响

学校硬件设施满意度与幸福感二级维度相关性从高到低依次是：与校长

的关系（r=0.349，p<0.001），工作满意度（r=0.324，p<0.001），工作目的性（r=0.323，p<0.001），情绪影响（r=0.316，p<0.001），信任感(r=0.285，p<0.001)，师生关系（r=0.254，p<0.001），生活满意度（r=0.244，p<0.001），身体健康（r=0.203，p<0.001），心理健康（r=0.198，p<0.001），专注工作（r=0.190，p<0.001），同事关系（r=0.174，p<0.001），学生参与效能（r=0.158，p<0.001），教学效能（r=0.145，p<0.001），课堂管理效能（r=0.123，p<0.001）（见表19）。这说明学校硬件设施越好，与校长的信任关系越强，工作满意度越高、目的性越强，工作情绪越积极。

表19 学校硬件设施满意度与幸福感的相关检验

	学校硬件设施满意度		
	相关系数	人数（人）	排序
总体幸福感	0.225***	2904	
认知幸福感	0.197***	2904	
专注工作	0.190***	2904	10
课堂管理效能	0.123***	2904	14
教学效能	0.145***	2904	13
学生参与效能	0.158***	2904	12
主观幸福感	0.366***	2904	
工作满意度	0.324***	2904	2
生活满意度	0.244***	2904	7
情绪影响	0.316***	2904	4
工作目的性	0.323***	2904	3
健康幸福感	0.213***	2904	
心理健康	0.198***	2904	9
身体健康	0.203***	2904	8
社会幸福感	0.345***	2904	
同事关系	0.174***	2904	11
与校长的关系	0.349***	2904	1
师生关系	0.254***	2904	6
信任感	0.285***	2904	5

注：* 表示 $p<0.05$，** 表示 $p<0.01$，*** 表示 $p<0.001$。

5.学生素质满意度对幸福感二级维度的影响

学生素质满意度与幸福感二级维度相关性从高到低依次是：情绪影响（r=0.349，$p<0.001$），工作目的性（r=0.328，$p<0.001$），与校长的关系（r=0.323，$p<0.001$），信任感（r=0.319，$p<0.001$），师生关系（r=0.312，$p<0.001$），工作满意度（r=0.309，$p<0.001$），心理健康（r=0.248，$p<0.001$），身体健康（r=0.242，$p<0.001$），生活满意度（r=0.228，$p<0.001$），同事关系（r=0.162，$p<0.001$），专注工作（r=0.151，$p<0.001$），教学效能（r=0.142，$p<0.001$），学生参与效能（r=0.131，$p<0.001$），课堂管理效能（r=0.090，$p<0.001$）（见表20）。这说明教师对学生素质越满意，教师情绪越积极，工作目的性越强，对校长越信任，师生关系越能呈现良性互动，工作满意度越高。

表 20　学生素质满意度与幸福感的相关检验

	学生素质满意度		
	相关系数	人数（人）	排序
总体幸福感	0.178 ***	2904	
认知幸福感	0.165 ***	2904	
专注工作	0.151 ***	2904	11
课堂管理效能	0.090 ***	2904	14
教学效能	0.142 ***	2904	12
学生参与效能	0.131 ***	2904	13
主观幸福感	0.366 ***	2904	
工作满意度	0.309 ***	2904	6
生活满意度	0.228 ***	2904	9
情绪影响	0.349 ***	2904	1
工作目的性	0.328 ***	2904	2
健康幸福感	0.260 ***	2904	
心理健康	0.248 ***	2904	7
身体健康	0.242 ***	2904	8

续表

	学生素质满意度		
	相关系数	人数（人）	排序
社会幸福感	0. 362 ***	2904	
同事关系	0. 162 ***	2904	10
与校长的关系	0. 323 ***	2904	3
师生关系	0. 312 ***	2904	5
信任感	0. 319 ***	2904	4

注： * 表示 $p<0.05$ ， ** 表示 $p<0.01$ ， *** 表示 $p<0.001$ 。

四　研究结论

（一）总体幸福感方面：教师总体幸福感处于较高水平，认知幸福感得分最高，社会幸福感和主观幸福感次之，健康幸福感最低

本报告幸福感一级维度得分均值排序与《中国教师发展报告 2020—2021》的幸福感调查结果不一致。《中国教师发展报告 2020—2021》随机调研全国 33590 位中小学教师，调研幸福感一级维度结果排序为：社会幸福感>主观幸福感>认知幸福感>健康幸福感。[1] 与之相比，本次调研发现北京市中小学教师的认知幸福感最高，高于社会幸福感、主观幸福感和健康幸福感，排序第一。这说明北京市中小学教师在教育教学中体验到的教学效能感、课堂管理效能感、学生参与效能感都更强，更能专注工作。

本报告幸福感一级维度得分均值排序与杭州市教师幸福感调研[2]结果基本一致，都是认知幸福感>社会幸福感>主观幸福感>健康幸福感。本次调研结果表明北京市中小学教师幸福感一级维度除健康幸福感外都高于 3，但是

① 李广、柳海民、梁红梅：《中国教师发展报告 2020—2021》，科学出版社，2022。
② 俞晓东、戚小丹、梅伟惠：《美好教育视域下中小学教师幸福感调查研究》，《教学月刊小学版（综合）》2023 年第 Z1 期。

杭州市教师幸福感调研①结果表明主观幸福感和健康幸福感都低于3，处于"比较不符合"与"比较符合"之间。这说明北京市中小学教师工作满意度、生活满意度较高，工作目的性较强，情绪较积极稳定。

三个调研都表明，中小学教师健康幸福感最低，且低于3，处于"比较不符合"与"比较符合"之间。这说明中小学教师身心问题较严重，亟待关切。

（二）认知幸福感方面：教师工作负担重，会降低教师专注度，尤其是班主任的专注度

本次调研结果表明教师认知幸福感四个二级维度中，课堂管理效能和学生参与效能得分较高，分别达到 3.46 和 3.45；教学效能次之，得分为 3.31；专注工作得分最低，只有 2.93，低于 3.00，处于"比较不符合"与"比较符合"之间。这说明教师专注度低是教师认知幸福感中亟待解决的问题。在专注工作这个二级维度上，班主任得分为 2.91，非班主任得分为 2.95，班主任得分显著低于非班主任。

本次调研表明北京市中小学教师工作时间长，工作负担重，尤其非教育教学负担沉重。选择"与'双减'前相比，现在每天非教学工作（各种检查评比等）工作量增加"的班主任显著高于非班主任（$F = 53.853$，$p < 0.001$），该结论与之前的研究结果一致，李新翠的研究表明：班主任需要完成更多的组织信息收集、问卷调查和家校沟通等事务，因此其工作时间和间接教学工作负荷显著高于非班主任。② 张小菊、管明悦的研究表明：仅小学班主任沟通管理这一项工作（主要包括学生课间操、学生午餐、学生午休和家校沟通这四项内容），每天至少花费 2.6 个小时，还要随时被打扰处理突发事件。③ 因此，小学班主任没有较长时间专注工作与研究。教师都需要更多时间用于教

---

① 俞晓东、戚小丹、梅伟惠：《美好教育视域下中小学教师幸福感调查研究》，《教学月刊小学版（综合）》2023 年第 Z1 期。

② 李新翠：《中小学教师工作负荷：结构、水平与类型》，《湖南师范大学教育科学学报》2021 年第 2 期。

③ 张小菊、管明悦：《如何实现小学教师工作量的减负增效——基于某小学教师 40 天工作时间的实地调查》，《全球教育展望》2019 年第 6 期。

学、教研和自身提高，但小学班主任被管理工作和非教学工作困扰，从而认知幸福感降低。但是随着疫情结束，教师防疫任务减少，以及《关于减轻中小学教师负担进一步营造教育教学良好环境的若干意见》的切实落实，北京市中小学教师将有更多专注时间，相关幸福感预计也会有所提升。

（三）主观幸福感方面：工作角色与生活角色失衡影响教师生活、工作幸福感，尤其是小学教师生活、工作幸福感

北京市中小学教师主观幸福感总体均值为 3.08。在四个二级维度中，工作满意度和生活满意度得分较高，分别达到 3.31 和 3.29；工作目的性次之，得分为 3.03；情绪影响得分最低，只有 2.70。在小学教师的工作满意度、生活满意度和情绪影响这三个二级维度上，小学教师得分显著低于初中教师。

本次调研表明，与初中教师相比，小学教师认为"双减"后，更"难于照顾家庭"（$\chi^2 = 11.826$，$p < 0.01$），更"容易出现家庭矛盾"（$\chi^2 = 11.238$，$p < 0.01$），更"容易把消极情绪带回家"（$\chi^2 = 38.245$，$p < 0.001$）。该结论与前人研究结果一致。张家军、闫君子的研究表明：小学教师很难实施弹性坐班，又承担大量非教育教学工作，需要将工作带到家里才能完成，使教师的工作角色与生活角色发生冲突，从而降低了其生活幸福感。[1]

（四）健康幸福感方面：身心症状普遍存在，干部健康幸福感更低

北京市中小学教师健康幸福感总体均值为 2.57，得分相对较低。在两个二级维度中，身体健康得分较高（2.65），心理健康得分较低（2.49）。

本次调研表明，在健康幸福感的身体健康和心理健康两个二级维度上，干部得分显著低于普通任课教师。这一结果与以往研究结果基本一致。李广等的研究表明：教师隐性工作量大，工作内容烦琐，如咽炎、静脉曲张、疲劳综合征等职业病明显，且容易呈现紧张、焦虑等心理表现。[2] 北京市中小

---

① 张家军、闫君子：《中小学教师负担：减与增的辩证法》，《教育研究》2022 年第 5 期。
② 李广、柳海民、梁红梅：《中国教师发展报告 2020—2021》，科学出版社，2022。

学干部通常不会脱离一线教学，除担任管理职务外，还兼教育教学任务，需要承担的工作任务更多，在校时间更长，所以他们的身心症状更明显，健康幸福感更低。

（五）社会幸福感方面：校园环境可以提升教师幸福感，尤其是初级和中级职称教师幸福感

北京市中小学教师社会幸福感总体均值为 3.11。在四个二级维度中，师生关系得分最高，达到 3.20；信任感和同事关系次之，得分分别为 3.16 和 3.15；与校长的关系得分最低，只有 2.92，处于"比较不符合"与"比较符合"之间。

本次调研表明随着职称提升，教师社会幸福感的四个二级维度都呈现"U"形曲线分布。这一结果与以往研究结果基本一致。代照甜的研究表明：未定级教师多为新入职教师，面对全新且充满挑战的环境，新兵一枚且刚经济独立的未定级教师社会幸福感会比较高，随着工作年龄的增加，工作生活习惯化，未知与探索的成分不断减少，取而代之的是自身价值未被认可、社会地位不高，导致心理不平衡。[1] 初中级职称，尤其是中级职称教师评副高面临较大竞争压力，致使其社会满意度下降。一旦教师突破瓶颈，取得一定教育教学成果，评上高级职称后，就会产生新的荣誉感和成就动力，社会满意度因此得到提升。

五 对策与建议

（一）切实实施弹性工作制，提高教师工作专注度，从而提升认知幸福感

"双减"以来，多地实践证明，教师工作时间加长了。[2] 超时工作不仅

---

[1] 代照甜：《九年义务教育教师工作满意度与主观幸福感的相关研究》，硕士学位论文，河南大学，2013。

[2] 鱼霞：《在中小学实施弹性工作制：更积极还是更懒散》，《人民教育》2022 年第 19 期。

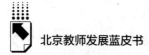

会增强教师的职业倦怠，使之产生负性情绪。更重要的是，长时间、高强度的工作会降低教师作为专业技术人员的专注度。教师作为繁重的脑力工作者，需要整块时间思考教育教学中的难题。如果长期缺乏反思，会严重影响教育教学质量。因此要保证教师的休息权，在中小学切实实施弹性工作制。《关于进一步减轻义务教育阶段学生作业负担和校外培训负担的意见》中明确指出：学校可统筹安排教师实行"弹性上下班制"。但在实际工作中，班主任尤其是小学班主任很难落实"弹性上下班制"。本报告建议在小学实施副班主任制度，让副科教师担任副班主任，计算工作量并给予相应的补偿，让小学班主任切实从繁重的管理工作中解脱出来。学校还可以实施"考勤银行"制度，为不同工作赋予一定考勤分值，教师承担相关任务后，登记在册，需要请假时，各方协调好后，可以支取等量时间。这样既可以增加教师工作积极性，又可以确保教师休息权，提高工作专注度，从而提升认知幸福感。

（二）加强多元教学与评估策略培训，增强教师自我效能感，从而提升认知幸福感

"双减"就是要压缩作业的总量和时间，让学生从繁重的学业中解脱出来，全面发展。这就需要教师具备多元评价能力与激励策略，精准评估每个学生并为其量身定制行之有效的教学策略，这样才能确保学生通过主动和充分地学习，建立自信，并有勇气克服各种障碍。所以，在"双减"的大环境下，教师要加强多元评估并优化教学策略，尤其是底子薄、起点低的大专以下学历的老教师，不能唯分数论，也不能只会题海战术，要结合学生的身心特点，多角度全方位地评价学生、激励学生。

（三）做研究型教师，通过研究焕发专业热情，从而提升主观幸福感

《关于进一步减轻义务教育阶段学生作业负担和校外培训负担的意见》明确指出："学生过重作业负担和校外培训负担、家庭教育支出和家长相应

精力负担 1 年内有效减轻、3 年内成效显著，人民群众教育满意度明显提升。"教师如果带着负性情绪，仅仅被动改变备课与留作业模式，很难达到"双减"要求。各级政府、培训机构、学校与教师个人，应该积极地以"双减"和新课程改革为契机，努力培养或成为研究型教师。教师在研究中焕发新的专业热情，提升教育教学能力这个立足之本，才能提升主观幸福感。

在"双减"实施过程中，教师应该学会研究学生。在当今，如果只靠教师满堂灌，很难与新时代的学生产生共鸣，教师只有掌握心理学、脑科学等相关知识，结合现实中的"察言观色"与"换位思考"，才能与学生越来越贴近、越来越信任，才能提升幸福感；教师应该研究课堂，经常进行课后反思，对课堂不仅要做到知其然，更要做到知其所以然。教师只有不断深入探讨成败得失的特点和原理，向理论学，向前辈学，积极开展同行探讨，由此形成自己的教育教学风格，并逐步固化下来，才能越教越顺手，从而提升主观幸福感；教师应该研究课程，新的课程改革要求教师具有大概念，在精确掌握本学科知识与技能之外，还要树立大概念思维。教师要跳出教材看学科，跳出学科看教育，明确为谁培养，培养什么人的核心问题，这样才能不被学生暂时的成绩起落所困扰，从大局着眼，从细节着手，才能真正为国家培养有用之才，从而获得幸福感。

（四）密切关注教师身心健康，提升教师健康幸福感

《关于进一步减轻义务教育阶段学生作业负担和校外培训负担的意见》明确指出："坚持学生为本、回应关切，遵循教育规律，着眼学生身心健康成长，保障学生休息权利，整体提升学校教育教学质量，积极回应社会关切与期盼，减轻家长负担。"大量研究表明，健康教育政策成功实施的关键在于负责健康教育工作的中小学教师的观点与看法。[1] 因此，本报告建议各级政府密切关注教师身心健康：为教师建立看病或拿药的快速通道；为教师开

---

[1] Cardina, C. E., & Fegley, J. M., "Attitudes Towards Teaching and Perceptions of School Climate among Health Education Teachers in the United States, 2011-2012," *Journal of Health Education Teaching* 2016 (1).

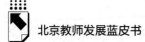
通心理咨询通道，包括线上服务热线、网上服务，线下面对面咨询，心理课程送课进课堂；以多种形式开展活动宣传健康，例如急救救护、中医养生、心理健康、慢性病防治、健康生活方式等；菜单式培训，开设瑜伽、健身、舞蹈、茶艺等课程，强身健体、舒缓情绪，提升健康幸福感。

（五）提倡不忘初心、关爱教师的校园文化，提升教师社会幸福感

关爱是无私的美德，不仅是学生成长过程中不可或缺的一环，也是和谐校园文化的基石。积极和谐的校园文化氛围，有助于构建师生健康人格，提高师生素质，提升师生幸福感。彼此关爱，彼此欣赏。真正做到"你好，我也好"。学校要做到"以人为本"，满足教师正当合理需求，激发教师工作信心与热情，对教职工做出的教学成果及时给予激励和赞扬，同时建立一套奖励机制，激励教职工为学校的完善和进步贡献自己的智慧。

专题报告

B.6
北京市中小学初任教师师德
发展研究报告

王婷*

摘 要: 北京市中小学初任教师是北京市中小学师资队伍中重要的新生力量,北京市中小学初任教师师德发展直接关系到北京市基础教育的质量和水平。初任教师,又称新手教师,是指按照国家规定已经取得教师资格,被学校正式聘用,从事教育教学工作年限为 1~3 年,正处于适应与成长时期的教师群体。本报告在师德理论研究及政策研究的基础上,选取了初任教师师德发展的若干重要因素,采取了他人与自体的双视角,对北京市中小学初任教师师德实践行为进行了研究。研究发现,初任教师师德发展现状良好。根据调研数据统计结果,初任教师在热爱教育工作、关爱学生,以及工作认真方面等都有较好的表现,但初任教师师德发展在有关师德认知、师德情感的培养和培育方面仍存在欠缺,需要改进和提升。在实证研究的基础上,本报

---

* 王婷,北京教育科学研究院教师研究中心副研究员,博士,研究方向为教师发展、师德。

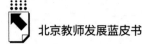
告提出六项北京市中小学初任教师师德发展的政策建议。一是提升师德政策的教育专业属性；二是聚焦师德政策的重点内涵；三是增强师德政策的建设性与实践性；四是提升初任教师的师德认知力；五是创建支持与关爱的学校治理体系，助力初任教师良好师德情感的培育；六是密切结合教育教学实践，提升初任教师的育人能力和师德践行力。

关键词： 师德 师德发展 初任教师 中小学教师

一 研究背景与研究设计

为了满足首都基础教育发展的需求，北京市中小学每年需要增补大量的年轻教师。数万名的初任教师已经成为人数众多、特殊而重要的师资队伍，直接关系到北京市基础教育的质量和水平。然而，国内外学者的研究表明，初任教师阶段正是教师职业成长的困难期、危险期和关键期，相比其他阶段的教师会遇到更多、更复杂的职业发展问题。因此，支持和帮助初任教师，促进其职业发展是提高中小学教育质量的重要前提和保证。

（一）研究背景

当下，各级教育机构和部门不遗余力地给予初任教师更多专业知识和专业能力发展方面的支持，但在如何促进和提升初任教师的师德水平和素养方面有着较大的缺失，更多的是停留在政策层面、理论层面和口头层面。毋庸置疑，近年来频繁发生的校园欺凌、校园暴力和意外伤害事件，以及学生心理问题的激增，虽然直接表现出的是学生问题，但实际上间接反射出中小学校教师育人功能的下降。这与长期以来忽视教师师德建设，偏重教师教学技能培养有着较大的关联性，理应引起教育人员的警醒、关注、研究和思考。

初任教师的师德素养直接影响北京市基础教育质量的提升。为维护教师队伍的稳定和持久，帮助初任教师顺利度过教师职业成长的困难期、危险期和关键期，加强初任教师的师德建设、支持和帮助初任教师提升师德素养是当下教育教学实践亟须研究的重大课题。

初任教师，又称新手教师，是指按照国家规定已经取得教师资格，被学校正式聘用，从事教育教学工作年限为 1~3 年，正处于适应与成长时期的教师群体。由于需要克服诸多困难，初任教师任教时期也成为各国中小学教师流失率最高的时期，成为教师职业生涯危险期。美国教育研究显示，有近 30% 的中小学教师是在从教 1~3 年内流失。教师流失的原因除去工资低、待遇差外，还有初任教师工作压力大、紧张焦虑，对教师工作产生厌倦感。初任教师的流失一方面给各州带来了很大的经济损失，学校不得不重新花钱聘任和培训新教师；另一方面频繁地更换教师也导致学生无法适应新教师的教学而成绩下滑。英国教育研究人员的研究结果表明，在英国，有 30%~50% 的教师会在从教 5 年内离开教师队伍，新教师的流失率为老教师的 5 倍之多。这主要因为要从学生身份转换为专业教师，不仅要面对崭新的工作环境和较重的工作负担，还要面对情感、态度、价值观等方面的冲击和改变。澳大利亚昆士兰州教育局的调查报告显示，20% 的新教师在入职后的 5 年内会离开教育岗位，其他州亦然。同样，在中国流失的教师也更多集中在工作 1~5 年的初任教师阶段，其造成的教育教学损失难以评估。

诸多研究表明，初任教师阶段也是决定其一生职业素质的关键时期。这一时期不仅决定教师是否会在教学领域内继续工作下去，而且决定他们的未来职业发展取向。教师职业独特的教学专长也是在此阶段奠定基础的。因此，初任教师需要尽快实现由学生到教师的角色转变，这一过程能否顺利度过，往往会影响他们的职业倾向性和职业持久性，进而影响他们的专业发展模式和成为什么样的教师。快速而成功的适应，可以使新教师对自己的职业生涯充满信心、恒心与进取心，反之则易使新教师的职业信心、恒心和上进心毁于一旦。为此，1996 年国际教育大会第 45 届会议提出的建议书《加强教师在多变世界中的作用之教育》

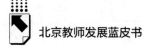

指出：应该对刚开始从事教师职业的教师给予特别的关注，因为他们的最初职位以及他们将要进行的工作，对其以后的职业和培训具有决定性的影响。

支持和帮助初任教师，促进其职业发展是中小学教育质量提高的重要前提和保证。关于教师素质的研究表明：教师要胜任复杂的脑力劳动，必须具备一定的知识和智力水平，但是一旦超出一定的关键水平，教师的智力和知识水平对学生就不再具有显著影响。反之，教师的教学态度、工作作风、信心和责任心等良好的人格特征和师德素养，对于学生的学习却有着重要的影响，尤其是那些具备认真、亲切、和蔼的态度，尊重学生，与学生友好、平等相处的教师，能够在教学中产生巨大的感染力，进而取得最佳的教育效果。

（二）研究设计

研究者在师德理论研究及政策研究的基础上，选取初任教师师德发展的若干重要因素，采取他人与自体的双视角，对北京市中小学初任教师师德实践行为进行了研究。具体研究方法有文献研究法：对国内外初任教师师德规范进行文献研究，建构研究的理论框架与依据。访谈法：对选取的初任教师进行访谈。问卷法：对初任教师所在学校的核心骨干教师进行问卷调查与统计。研究的大概流程如下：对国内外初任教师师德规范进行文献综述—抽取核心概念和理论—建构初步的研究框架与依据—选取若干位初任教师进行个体访谈—对选取的核心教师进行问卷调查与统计—发现初任教师师德发展问题—寻求初任教师师德发展的路径。

1. 问卷样本抽取

本报告随机选取了北京市 12 个区 80 名中小学骨干教师进行了问卷调查，共发放问卷 100 份，回收有效问卷 80 份。其中，东城 8 人、西城 8 人、海淀 18 人、朝阳 6 人、石景山 3 人、大兴 5 人、顺义 11 人、密云 1 人、门头沟 3 人、房山 3 人、通州 7 人、怀柔 7 人（见图 1）。

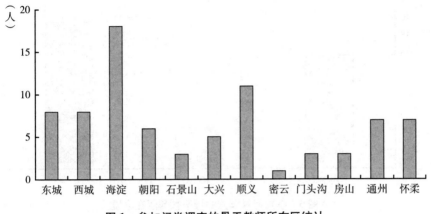

图1　参加问卷调查的骨干教师所在区统计

参加问卷调查的骨干教师身份分为两类，其中，教师60人，教研员20人（见图2）。

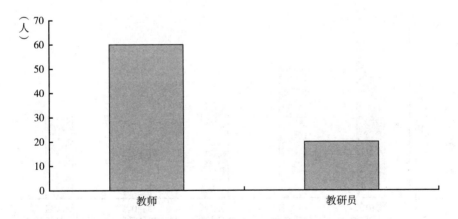

图2　参加问卷调查的骨干教师身份统计

参加问卷调查的骨干教师所在学段分为三个，其中，高中教师30人，初中11人，小学39人（见图3）。

参加问卷调查的骨干教师所在学校的初任教师的人数。其中骨干教师所在学校的初任教师人数约10名的有23人；骨干教师所在学校的初任教师人

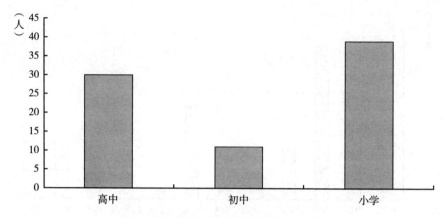

图 3　参加问卷调查的骨干教师所在学段

数约 20 名的有 19 人；骨干教师所在学校的初任教师的人数约 30 名的有 14 人；骨干教师所在学校的初任教师人数约 40 名的有 8 人；骨干教师所在学校的初任教师人数约 50 名及以上的有 12 人（见图 4）。

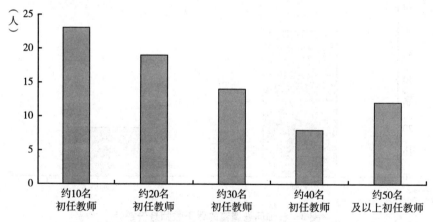

图 4　参加问卷调查的骨干教师所在学校的初任教师人数

2. 初任教师访谈样本抽取

随机抽取了北京市 3 个区 15 名初任教师进行了一对一个体访谈。3 个区是初任教师比较多的平谷区、朝阳区和大兴区。其中，高中教师、初中教师和小学教师各 5 名。

二　研究结果与发现

调查发现，初任教师对教师工作的热爱情况如下。8%的骨干教师认为所在学校的初任教师非常热爱教师工作，58%的骨干教师认为所在学校的初任教师比较热爱教师工作，30%的骨干教师认为所在学校的初任教师对教师工作的热爱情况一般，3%的骨干教师认为所在学校的初任教师不太热爱教师工作，1%的骨干教师认为所在学校的初任教师很不热爱教师工作（见图5）。

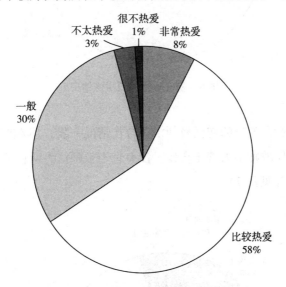

图5　初任教师热爱教师工作情况

初任教师关爱学生情况。14%的骨干教师认为所在学校的初任教师非常关爱学生，59%的骨干教师认为所在学校的初任教师比较关爱学生，24%的骨干教师认为所在学校的初任教师对学生态度一般，3%的骨干教师认为所在学校的初任教师不太关爱学生，没有骨干教师认为所在学校的初任教师很不关爱学生（见图6）。

初任教师工作合作情况。4%的骨干教师认为所在学校的初任教师非常善于合作，40%的骨干教师认为所在学校的初任教师比较善于合作，38%的

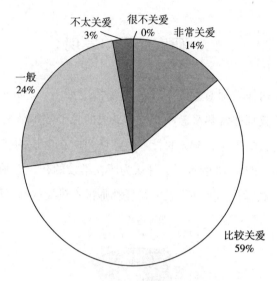

图 6　初任教师关爱学生情况

骨干教师认为所在学校的初任教师工作合作情况一般，18%的骨干教师认为所在学校的初任教师不太善于合作，没有骨干教师认为所在学校的初任教师很不善于合作（见图7）。

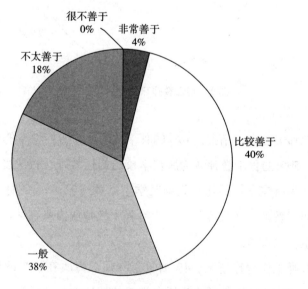

图 7　初任教师工作合作情况

初任教师安心工作情况。12%的骨干教师认为所在学校的初任教师非常安心工作,60%的骨干教师认为所在学校的初任教师比较安心工作,19%的骨干教师认为所在学校的初任教师安心工作情况一般,8%的骨干教师认为所在学校的初任教师不太安心工作,1%的骨干教师认为所在学校的初任教师很不安心工作(见图8)。

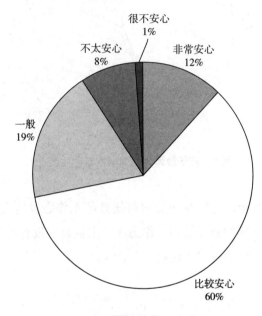

图8 初任教师安心工作情况

初任教师体罚讽刺挖苦学生情况。没有骨干教师认为所在学校非常多的初任教师会体罚讽刺挖苦学生,3%的骨干教师认为所在学校有比较多的初任教师会体罚讽刺挖苦学生,16%的骨干教师认为所在学校的初任教师在体罚讽刺挖苦学生方面情况一般,37%的骨干教师认为所在学校有不太多的初任教师会体罚讽刺挖苦学生,44%的骨干教师认为所在学校没有初任教师体罚讽刺挖苦学生情况(见图9)。

初任教师工作态度情况。23%的骨干教师认为所在学校的初任教师工作态度非常认真,59%的骨干教师认为所在学校的初任教师工作态度比较认

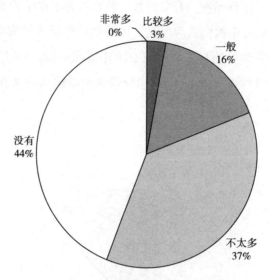

图 9 初任教师体罚讽刺挖苦学生情况

真，17%的骨干教师认为所在学校的初任教师工作态度情况一般，1%的骨干教师认为所在学校的初任教师工作态度不太认真，没有骨干教师认为所在学校的初任教师工作态度很不认真（见图 10）。

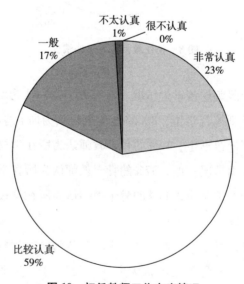

图 10 初任教师工作态度情况

初任教师虚心请教情况。64%的骨干教师认为所在学校的初任教师经常向老教师虚心请教，21%的骨干教师认为所在学校的初任教师偶尔虚心请教，14%的骨干教师认为所在学校的初任教师虚心请教情况一般，1%的骨干教师认为所在学校的初任教师很少虚心请教，没有骨干教师认为所在学校的初任教师从不虚心请教（见图11）。

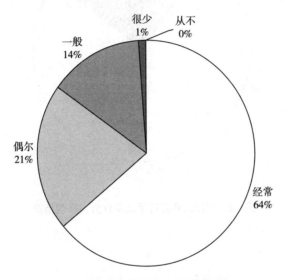

图11　初任教师虚心请教情况

初任教师言行举止符合为人师表情况。15%的骨干教师认为所在学校的初任教师言行举止非常符合为人师表，75%的骨干教师认为所在学校的初任教师比较符合为人师表，10%的骨干教师认为所在学校的初任教师言行举止符合为人师表情况一般，没有骨干教师认为所在学校的初任教师不太符合为人师表，没有骨干教师认为所在学校的初任教师很不符合为人师表（见图12）。

初任教师情绪调控情况。4%的骨干教师认为所在学校的初任教师非常善于情绪调控，55%的骨干教师认为所在学校的初任教师比较善于情绪调控，35%的骨干教师认为所在学校的初任教师情绪调控情况一般，6%的骨干教师认为所在学校的初任教师不太善于情绪调控，没有骨干教师认为所在学校的初任教师很不善于情绪调控（见图13）。

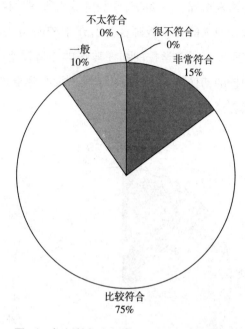

图 12 初任教师言行举止符合为人师表情况

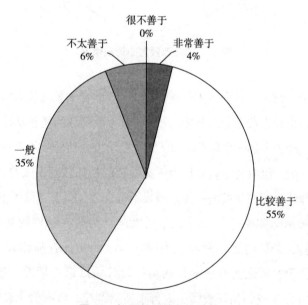

图 13 初任教师情绪调控情况

初任教师工作耐心情况。14%的骨干教师认为所在学校的初任教师工作非常耐心，64%的骨干教师认为所在学校的初任教师工作比较耐心，21%的骨干教师认为所在学校的初任教师工作耐心情况一般，1%的骨干教师认为所在学校的初任教师工作不太耐心，没有骨干教师认为所在学校的初任教师工作很不耐心（见图14）。

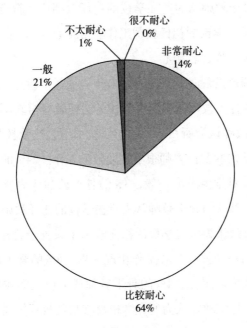

图14 初任教师工作耐心情况

三 问题原因分析与讨论

初任教师师德发展现状良好。根据调研数据统计结果，初任教师在热爱教育工作、关爱学生，以及工作认真方面等都有较好表现。在调查中有58%的骨干教师认为所在学校的初任教师比较热爱教师工作，8%的骨干教师认为所在学校的初任教师非常热爱教师工作。59%的骨干教师认为所在学校的初任教师比较关爱学生，14%的骨干教师认为所在学校的初任教师非常

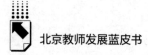

关爱学生。60%的骨干教师认为所在学校的初任教师比较安心工作，12%的骨干教师认为所在学校的初任教师非常安心工作。23%的骨干教师认为所在学校的初任教师工作态度非常认真，59%的骨干教师认为所在学校的初任教师工作态度比较认真。64%的骨干教师认为所在学校的初任教师经常向老教师虚心请教。15%的骨干教师认为所在学校的初任教师言行举止非常符合为人师表，75%的骨干教师认为所在学校的初任教师比较符合为人师表。14%的骨干教师认为所在学校的初任教师工作非常耐心，64%的骨干教师认为所在学校的初任教师工作比较耐心。

在初任教师师德发展过程中也存在若干方面需要改进和提升。根据调查统计结果，30%的骨干教师认为所在学校的初任教师对教师工作的热爱情况一般，3%的骨干教师认为所在学校的初任教师不太热爱教师工作，1%的骨干教师认为所在学校的初任教师很不热爱教师工作。24%的骨干教师认为所在学校的初任教师对学生态度一般，3%的骨干教师认为所在学校的初任教师不太关爱学生。38%的骨干教师认为所在学校的初任教师工作合作情况一般，18%的骨干教师认为所在学校的初任教师不太善于合作。19%的骨干教师认为所在学校的初任教师安心工作情况一般，8%的骨干教师认为所在学校的初任教师不太安心工作，1%的骨干教师认为所在学校的初任教师很不安心工作。44%的骨干教师认为所在学校没有初任教师体罚讽刺挖苦学生情况。35%的骨干教师认为所在学校的初任教师情绪调控情况一般，6%的骨干教师认为所在学校的初任教师不太善于情绪调控。21%的骨干教师认为所在学校的初任教师工作耐心情况一般，1%的骨干教师认为所在学校的初任教师工作不太耐心。

初任教师师德发展过程中存在问题的原因分析。本报告综合问卷调查和访谈情况发现，由于生源数量增多和教师数量不足，一些区的初任教师数量激增，而这些初任教师绝大多数是非师范院校学生。因此，诸多初任教师在学校求学期间并没有接受更多有关教师教育理念及职业道德的教化与熏陶，在有关师德认知、师德情感的培养和培育方面存在欠缺。由于师资紧缺，初任教师入职后一般即刻上岗，甚至还被学校安排承担班主任工作。有些区学校的初任教师在假期会被安排进行短期培训，培训内容大多和学科教学有关。虽然也有一些师德讲座，但对于初任教师来说，这些培训远远不够，初任教师亟须与教育教学实际密切结合的师德培训与指导。访谈发现，多数初任教师对于国家出台的《中小学教师职业道德规范》等师德规范认识笼统。虽然了解这些师德规范，但是对于具体的师德规范内容理解不深。

访谈中，一些初任教师在回答为什么选择教师职业时表示，教师工作较稳定，但对于学校工作环境、教师工作付出与待遇并不满意。另外，由于社会化原因，现在的初任教师除个别外，几乎都是独生子女。虽然独生子女教师有着诸多良好素质，但在合作、情绪调控、耐心、关爱学生方面还需要更多的时间去改进、提升和自我成长。

四 政策建议

本报告在师德理论研究和政策研究的基础上，结合对北京市 12 个区 80 名骨干教师的问卷调查和 15 名初任教师的访谈发现，初任教师师德发展状况良好，但初任教师师德发展中也存在若干方面需要改进和提升。从宏观层面分析，北京市中小学师德政策需要进一步优化。从教师个体层面分析，初任教师师德水平需要进一步提升。

（一）提升师德政策的教育专业属性

师德政策偏离了教师教育工作的专业属性，会大大降低师德政策的实效性。长期以来，师德政策过弱的专业属性在一定程度上限制了师德工作的深入推进。为此，国家教育行政部门也在不断反思和改进。比如在 2012 年，教育部出台的《中学教师专业标准（试行）》就有较大的突破，对于教师师德的专业属性有着更多、更细致的表述。[①] 比如，要求教师关爱学生，尊

---

① 《中学教师专业标准（试行）》（教师〔2012〕1 号）。

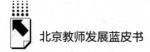

重学生人格，富有爱心、责任心、耐心和细心；以人格魅力和学识魅力教育感染学生，做学生健康成长的指导者和引路人。坚持以学生为本，尊重学生权益，以学生为主体，充分调动和发挥学生的主动性；促进学生生动活泼学习、健康快乐成长，全面而有个性地发展。

《中学教师专业标准（试行）》有一级维度"专业理念与师德"，其基本要求就有很多专业性表述，诸如认同教师的专业性和独特性，注重自身专业发展；尊重个体差异，主动了解和满足学生的不同需要；信任学生，积极创造条件，促进学生的自主发展；尊重教育规律和学生身心发展规律，为每一位学生提供适合的教育；激发学生的求知欲和好奇心，培养学生学习兴趣和爱好。师德政策专业性的表述，使教师能够更容易理解师德政策内涵，也更能自觉地在实际工作中提升自身的师德水平。因此，提高师德政策内涵的专业性，剔除师德政策过大过空过泛的政治化表述与要求，应该是北京市师德政策需要改进的方向。

（二）聚焦师德政策的重点内涵

扩展性是师德政策的一个重要特点，有关师德教育的内容在很多的师德政策中都有表述，譬如，有的区的师德文件中要求：建立健全师德教育课程体系，重点加强社会主义核心价值观教育，弘扬中华传统美德，把教师理想信念教育、职业道德教育、文明礼仪教育、法制教育、心理健康教育和民族团结教育纳入师德教育内容。而也有区的师德文件要求实施全员师德培训工程，重视法制教育、心理健康教育和民族团结教育。有的区的师德文件要求师德教育的内容包括：政治理论，教育方针、政策，法律法规，教师职业道德规范，教师心理健康教育，等等。师德与德育结合起来，师德与课改结合起来，师德与活动结合起来。

师德政策内涵的过度扩展性，使师德教育成为一个"筐"，政治思想教育、理想教育、职业道德教育、文明礼仪教育、法制教育、心理健康教育以及民族团结教育，都要纳入师德教育中。这反而导致长期以来师德教育工作的盲目和低效。师德的本义是指教师在教育教学中所应遵循的基本道德规范和行为准则，其道德水平的发展有着自身的特殊规律，是与教师的教育教学工作密切相连的。因此，师德政策只有依据教师教育教学工作，聚焦教师在实际工作中所存在的师德问题，有重点、有步骤地推进师德工作的开展，才可能更有针对性和实效性。

（三）增强师德政策的建设性与实践性

通过上述对于师德政策分类及特点的研究，我们可以发现在一些师德建设的文件中，规范型师德政策与惩处型师德政策占有很大比重，有关师德监督考核的内容也占有相当篇幅，要求强化师德监督，有效防止失德行为。在教育行政部门和学校要建立健全师德年度评议制度、师德问题报告制度、师德状况定期调查分析制度和师德舆情快速反应制度，要及时研究加强和改进师德建设的政策和措施，构建学校、教师、学生、家长和社会广泛参与的师德监督体系。教育行政部门和学校要建立行之有效的、多种形式的师德投诉、举报平台，及时掌握师德信息动态，及时发现并纠正不良倾向和问题，将违反师德行为消除在萌芽状态；要将师德建设纳入教育督导评估体系；规范师德惩处，坚决遏制失德行为蔓延；建立健全违反师德行为的惩处制度；等等。

教师师德水平的提高归根结底是教师内化和反省的结果。外在的规范、处罚、考评型的师德政策，对于极少数师德水平不高，甚至有不良行为的人员也许会有一定的威慑作用，但是，对于绝大多数的教师来说，作用并不会太大。作为师德政策，应该扭转偏重考评、偏重处罚、偏重结果的政策导向，更加具有建设性与实践性，为促进更多教师的师德水平提升发挥作用，为帮助更多教师成长做出贡献。

（四）提升初任教师的师德认知力

师德政策集中体现了国家和社会对于教师职业的要求与期待，对于教师的师德发展起着规范、引领和指导作用。师德政策主要可划分为国家层面、市级层面、区层面和校级层面，是国家和各级教育行政部门对于教师工作不同层面的要求和指导。作为刚刚入职的初任教师，如果没有进行系统的学

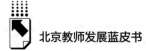

习，很难全面了解和理解师德政策的内涵，提升自己的师德认知力。因此，各级各类教育行政部门，组织教育专家力量，加强对于初任教师师德政策的解读与学习引领，培养初任教师的职业认同感、责任感、使命感和荣誉感，提升初任教师师德的认知水平和认知能力，在"双减"背景下，具有急迫性和必要性。

（五）创建支持与关爱的学校治理体系，助力初任教师良好师德情感的培育

通过多年来对诸多优秀教师的成长经历的深度研究，我们发现优秀教师的重要特征之一是具有极高的师德素养。具有极高师德素养的优秀教师，对于教师职业不仅有着很强的认同感、使命感和责任感，而且有着很深的教育情怀和饱满的教育热情。优秀教师的教育情怀是在长期教育工作环境的熏陶、感染、学习领悟、反思成长中累积的。其中，初入职时的教育工作环境对于教师的成长尤为重要。在"双减"政策实施后，教师的在校工作时间延长、育人工作繁重，加上各项配套支持措施短期内跟不上，教师面临较大的工作压力和身心俱疲的情况。这种工作境况对于职业生涯正处于困难期、危险期和关键期的初任教师来说，如何建立教师职业的认同感，孕育良好的教育情怀，培育正向的师德情感都是极大的挑战。因此，创建支持与关爱的学校治理体系，助力初任教师师德情感的培育，是当前学校加强师德建设工作的重要一环，直接关系到未来教师队伍的稳定和发展。

关于如何创建良好的学校治理环境，学校及各级教育行政部门要给予初任教师支持与关爱，如课后服务工作不能过于武断和一刀切，要给予哺乳期的女性教师人性关怀，按照政策积极探索和推行教师弹性上下班工作制度，为参加课后服务的教师给予相应的津贴补助，等等。

（六）密切结合教育教学实践，提升初任教师的育人能力和师德践行力

教师良好的师德素养最终是要在教育教学实践中，通过与学生的互动交

流体现出来的，其本质也是教师教育教学实践智慧与能力的体现。众多的教育研究发现，初任教师在教育教学工作岗位上最薄弱和最欠缺的常常不是学科教学能力，而是教育学生和管理学生的能力，这种育人能力本质上是教师师德的践行力。一名育人能力薄弱的教师是不会被认定为师德素养良好的优秀教师的。在"双减"政策实施之后，学生在校时间延长了，这意味着教师的育人工作压力也加大了。因此，密切结合教育教学实践，提升初任教师的育人能力和师德践行力尤为重要。

中小学校历来重视学科教学，因此，在许多中小学校会成立各个年级和各个学科的教学备课组、教学研究组，但很少成立学校教师师德提升研究组。虽然中小学校历来重视教师的师德素养，但很少落实到具体教育实践中去研究提升。在"双减"背景下，倡导在中小学校成立师德提升研究组，吸纳校内外教育专家，一起帮助研究与提升初任教师的师德实践能力，是极为重要且意义深远的举措。

"双减"政策的实施对于职业生涯阶段正处于关键期的中小学初任教师的师德发展来说是挑战，也是机遇。各级教育行政领导者积极响应，未雨绸缪，加强对师德政策的专业解读与学习，提升初任教师的师德认知力；创建支持与关爱的学校治理体系，助力初任教师良好师德情感的培育；密切结合教育教学实践，提升初任教师的育人能力和师德践行力，对于促进中小学初任教师的师德素养和未来中小学教师队伍的稳定与发展将起到至关重要的作用。

B.7
北京市职业教育"双师型"
教师队伍发展报告

王宇波*

摘　要：　职业教育的高水平发展离不开高素质"双师型"教师队伍的保障。北京市职业教育教师队伍建设体系自"十一五"时期就逐步建立并日趋完善，教师队伍的整体素质呈现较高的水平，在构建三级教师培训体系、强化师德师风建设、实施分层分类培训、以"双师型"标准建设为引领、以高层次人才培育为阶梯、以创新团队建设为载体等方面探索了教师队伍建设的有效经验。匹配新时期职业教育高质量发展的需求，"双师型"教师队伍建设仍面临一些适应性的问题和挑战，需要完善"双师型"教师认定标准、引进机制、培养培训体系以及教师队伍建设的配套保障机制，进一步推动职业教育高素质"双师型"教师队伍建设。

关键词：　"双师型"教师　教师队伍建设　职业教育

职业教育是国民教育体系和人力资源开发的重要组成部分，肩负着培养多样化人才、传承技术技能、促进就业创业的重要职责。职业教育的高水平发展离不开高素质"双师型"教师队伍的保障，"双师型"教师队伍是职业教育作为类型教育的重要特征之一，其要求专业课教师要同时具备理论教学能力和实践教学能力。2022 年，国家层面首次出台了职业教育"双师型"教师基本标准，引导各地深入推进职业学校"双师型"教师队伍建设。北

---

* 王宇波，北京教育科学研究院职业教育研究所副研究员，研究方向为职业教育、教师发展。

京市职业教育的高质量发展始终以教师队伍整体素质的提升为前提和基础，职业教育教师队伍建设体系自"十一五"时期就逐步建立起来。为了紧密契合首都"四个中心"建设和经济社会发展对高素质技术技能人才的需求，提升职业教育服务首都经济社会发展的适应性，北京职业教育正在向调结构、重服务、提质增效方向发展，高素质"双师型"教师队伍建设得以持续推进，为首都职业教育深化改革、提质发展提供了强有力的人才队伍支撑。但是，对照新时期职业教育发展的目标和定位，与首都职业教育高质量发展相配套的"双师型"教师队伍的整体水平仍然存在提升空间，通过分析职业教育教师队伍的素质状况，梳理教师队伍建设存在的问题，从而提出促进"双师型"教师队伍建设的有效策略，有助于推动首都现代职业教育的高质量发展。

一 北京市职业教育教师队伍素质现状

（一）专任教师队伍素质

选取2017~2021年职业教育专任教师队伍整体数据[①]进行对比分析，从专兼结构、职称结构、生师比结构以及"双师型"结构四个维度分析专任教师队伍整体素质的发展趋势和特点。

1. 专兼结构

职业教育专任教师在教职工中的占比基本保持稳定，而且中职[②]的专任

[①] 高职数据来源于北京市教育委员会2019~2021年《北京高等职业教育质量年度报告》。中职数据来源于北京市教育委员会发展规划处《北京市教育事业统计资料（2017—2018学年度）》《北京市教育事业统计资料（2018—2019学年度）》《北京市教育事业统计资料（2019—2020学年度）》《北京市教育事业统计资料（2020—2021学年度）》《北京市教育事业统计资料（2021—2022学年度）》。图1~图5数据来源同此。

[②] 如无特别说明，本报告中的"中职"即指"中等职业教育"，对应学校为中等职业学校，包括普通中等专业学校、成人中等专业学校以及职业高中学校，不含技工学校。

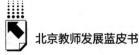

教师占比高于高职①。2021年，中职专任教师占教职工总数的比例为 64.93%，高职专任教师占教职工总数的比例为 49.03%。兼职教师在教职工中的平均占比在中高职中都呈现先升后降的趋势，反映了职业教育生源规模下降的间接影响，中职生源规模受冲击较大，但专任教师保持相对稳定，导致兼职教师的需求下降明显。2021年，中职兼职教师占教职工总数的比例降到 5.73%，高职为 18.12%。此外，高职的兼职教师平均占比总体上高于中职，可见高职院校吸引兼职教师的能力高于中职学校（见图1、图2）。

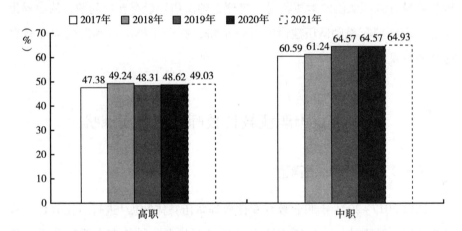

图1　北京市职业教育教师队伍的专任教师占教职工总数的比例

2. 职称结构

专任教师高级职称占比呈小幅增长趋势。2021年，高职专任教师高级职称占比为 38.67%，明显高于全国高职（专科）院校的平均占比 29.72%。②中职专任教师高级职称占比为 36.50%，明显高于全国中等职业学校的平均占比 24.72%，③并且较上一年有显著提高，中等职业教育增设

---

① 如无特别说明，本报告中的"高职"即指"北京市高等职业教育"，对应学校为25所独立设置的高等职业学校和首钢工学院（本科院校只招高职生）。

② 数据来源于中华人民共和国教育部《2021年教育统计数据》。

③ 数据来源于中华人民共和国教育部《2021年教育统计数据》。

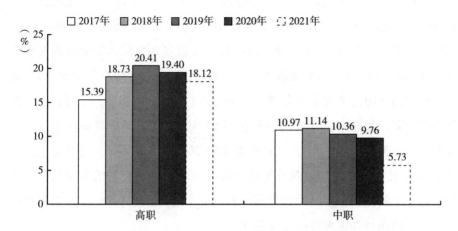

图 2　北京市职业教育教师队伍的兼职教师占教职工总数的比例

正高级职称的政策红利逐步显现，为教师的综合能力提升奠定了很好的基础（见图 3）。

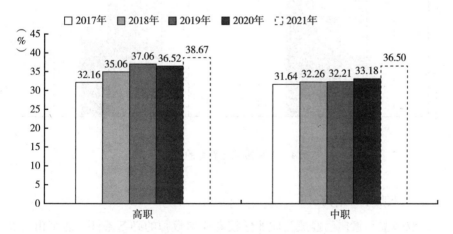

图 3　北京市职业教育专任教师队伍的高级职称占比

3.生师比结构

在北京市人口疏解政策的大背景下，中高职户籍生源规模明显减少，但是职业学校的专任教师队伍没有相应大幅缩减，而是保证了专任教师的一定规模，进而出现了中高职低生师比的状况。2019 年，高职生师比最低，不到 10∶1，随后两年开始提高，2021 年接近 15∶1，总体低于全国 2021 年度高职（专科）院校生师比 27.9∶1，[①] 较为接近《本科层次职业教育专业设置管理办法（试行）》（教职成厅〔2021〕1 号）中规定的不高于 20∶1，高职专任教师生师比结构基本合理。中职受到生源低谷的影响，生师比连续四年明显下降，2021 年开始有所回升达到 8∶1，相对于《中等职业学校设置标准》（教职成〔2010〕12 号）中规定的 20∶1 明显偏低，同时也显著低于 2021 年度全国中等职业学校平均生师比 18.9∶1[②]。较低的生师比带来生均培养成本的提高，但同时也为高水平、个性化、德技并修的人才培养提供了更有利的条件和更多可能性（见图 4）。

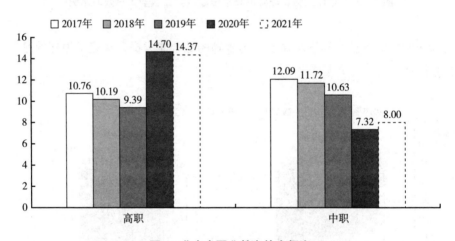

图 4　北京市职业教育的生师比

4."双师型"结构

"双师型"素质已经成为职业学校专业课教师的必备条件，北京市尤其重视"双师型"教师队伍建设，从出台文件到遴选"双师型"教师培训基地，职业教育的"双师型"教师队伍建设水平得到大幅提升。按照教育部

① 数据来源于中华人民共和国教育部《2021 年教育统计数据》。
② 数据来源于中华人民共和国教育部《2021 年教育统计数据》。

（2022年）及北京市（2020年）出台新"双师型"教师标准之前的标准统计，近5年中高职专任教师中"双师型"教师占比有明显提高，尤其中职提高的幅度较大（见图5）。但是，《国家职业教育改革实施方案》要求，"双师型"教师占专业课教师总数超过一半。所以，需要按照新出台的"双师型"教师认定标准重新开展"双师型"教师的认定工作，在原有双证书维度上增加双经历、双能力的认定，用"双师型"教师占专业课教师的比例衡量教师队伍的"双师型"素质水平更加合理。

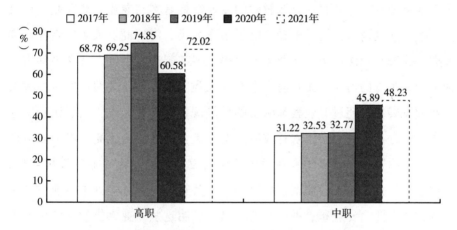

图5　北京市职业教育专任教师队伍的"双师型"教师占比

（二）专业课教师队伍素质①

为了全面部署落实《教育部办公厅关于开展职业教育教师队伍能力提升行动的通知》要求，了解职业教育教师队伍能力素质状况，2022年6月，北京市教委面向全市中高职院校开展了教师队伍建设情况的摸底调查，调查数据在一定层面上呈现了全市职业教育专业课教师、思政课教师以及素质教育教师队伍的基本状况。

———————

① 如无特别说明，本部分教师队伍数据均来源于2022年6月北京市教委开展的职业教育教师队伍摸底调查。

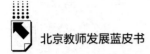

1. 数量规模基本满足要求，教师专业结构与专业布局结构略有差异

高职专业课教师（含实习指导教师）占专任教师的比例平均为69.5%，专业课教师的占比远超过专任教师的一半，能够满足专业教学需要。在高职专业课教师的专业结构中，占比前五的依次为电子信息大类（14.9%）、财经商贸大类（13.8%）、教育与体育大类（11.6%）、文化艺术大类（10.7%）、医药卫生大类（7.6%）。根据北京市高职院校专业备案信息，电子信息大类专业布点数最多，其次是财经商贸大类，教育与体育大类排名第三（见图6）。① 高职专业课教师的专业结构基本与专业大类专业布点结构一致。从具体占比情况来看，电子信息大类、财经商贸大类、新闻传播大类、公安与司法大类、交通运输大类、装备制造大类等专业课教师占比低于专业布点的占比，尤其前三个专业大类差别明显，说明这些专业大类专业的发展规模超过专业教师队伍的发展规模；文化艺术大类、医药卫生大类、教育与体育大类、农林牧渔大类等专业课教师占比高于专业布点的占比，说明这些专业大类专业教师队伍的发展规模超过专业的发展规模，这种结果部分反映了专业调整的影响。公共管理与服务等九个专业大类专业课教师占比与专业布点占比大致相当，说明这些专业大类教师队伍发展规模与专业发展规模匹配度较好。

中职专业课教师（含实习指导教师）占专任教师的比例平均为53.9%，专业课教师的占比超过专任教师的一半，基本满足专业教学需要。在中职专业课教师的专业结构中，占比前五的依次为电子信息大类（17.6%）、财经商贸大类（12.8%）、交通运输大类（12.1%）、教育与体育大类（11.5%）、文化艺术大类（10.9%）。根据北京市中职院校专业备案信息，文化艺术大类专业布点数最多，其次是交通运输大类、电子信息大类、财经商贸大类（见图7）。② 其中文化艺术大类专业课教师占比为10.9%，明显低于文化艺术类专业布点的占比22.0%，交通运输大类专业课教师占比为

---

① 数据来源于北京市教委职成处提供的北京市高职院校专业备案信息。
② 数据来源于北京市教委职成处提供的北京市中职院校专业备案信息。

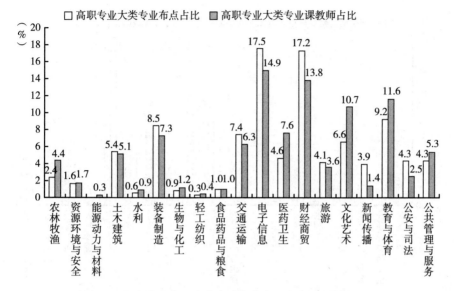

图6 北京市高职专业大类专业布点占比与专业课教师占比

12.1%，也略低于专业布点的占比14.8%，这在一定程度上反映了专业的发展规模超过专业课教师队伍的发展规模。此外，电子信息大类、教育与体育大类、公共管理与服务大类、装备制造大类等专业教师占比高于专业布点的占比，部分反映了教师队伍的调整慢于专业的调整。

2. "双师型"素质远超国家标准，总体达到北京市标准

北京市自2020年出台《北京市职业院校"双师型"教师认定办法（试行）》以来，"双师型"教师队伍建设的各项举措配套实施，专业课教师中"双师型"比例明显提升。据北京市教委的调查统计，按照新"双师型"教师认定标准，2021年北京市独立设置的25所高职学校"双师型"教师占专业课教师的比例平均达到82.3%，非艺体类统计范围内的33所中职学校"双师型"教师占专业课教师的比例平均达到81.2%，职业学校专业课教师的"双师型"素质已经达到较高水平。

3. 专兼结构院校间差别较大

公办高职学校企业兼职教师占专业课教师的平均比例为48.0%，民

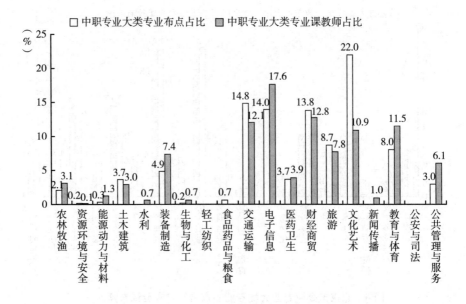

图7　北京市中职专业大类专业布点占比与专业课教师占比

办高职学校的平均比例高达118.3%。中职学校企业兼职教师占专业课教师的比例平均为24.9%，达到了《中等职业学校设置标准》（教职成〔2010〕12号）中20.0%的要求，但不同类型的中等职业学校之间也存在较大差别，普通中等专业学校平均比例为47.8%，职业高中学校的平均比例为10.1%，可见职业高中学校的企业兼职教师队伍需要壮大和补充。

4. 教师企业实践基本落实到位

根据《国家职业教育改革实施方案》的要求，职业学校教师每年至少1个月在企业或实训基地实训。北京市高职学校专业课教师企业实践年人均天数为25天，其中，公办高职学校专业课教师企业实践年人均天数为27天，民办高职学校专业课教师企业实践年人均天数为20天。调查范围内的33所中职学校专业课教师企业实践年人均天数为19.4天，还有提升空间。

（三）思政与素质教育教师队伍素质①

1. 专职思政课教师队伍基本充足

高职专职思政教师与全日制学历教育在校生的比平均为 1∶363，略低于《关于深化新时代学校思想政治理论课改革创新的若干意见》规定的高职院校专职思政课教师配备要求 1∶350。中职专职思政教师与全日制学历教育在校生的比平均为 1∶180，明显高于 1∶350 的配备标准，专职思政教师队伍数量充足。

2. 素质教育专职教师队伍建设需要加强

中共中央、国务院发布的《关于全面加强新时代大中小学劳动教育的意见》要求，建立专兼职相结合的劳动教育师资队伍。调查数据显示，北京市有 12 所高职学校没有专职劳动与综合实践教师，占统计范围学校数的 46.2%；23 所中职学校没有专职劳动与综合实践教师，占统计范围学校数的 69.7%。这也反映了职业学校不同于中小学及普通高等学校的技能教育类型特点，专业课教师以及实习指导教师完全胜任兼职劳动和综合实践教师的职能。

6 所高职学校没有专职美育教师（含美术、音乐、书法等），占统计范围学校数的 23.1%；7 所中职学校没有专职美育教师（含美术、音乐、书法等），占统计范围学校数的 21.2%。

《高等学校学生心理健康教育指导纲要》要求，各高校心理健康教育专职教师要按照师生比不低于 1∶4000 配备，每校至少配备 2 名。北京市高职学校心理健康教育专职教师师生比平均为 1∶1410，满足师生比标准要求。但是从每所学校配备的绝对数量来看，有 10 所高职学校专职心理健康教育教师不足 2 名。《中等职业学校学生心理健康教育指导纲要》要求，中等职业学校要逐步建立起分管校长负责，以德育工作教师为主体，以班主任和专兼职心理健康教育教师为

---

① 如无特别说明，本部分教师队伍数据均来源于 2022 年 6 月北京市教委开展的职业教育教师队伍摸底调查。

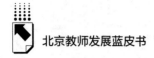

骨干，全体教师共同参与的心理健康教育工作体制。北京市有 10 所中职学校没有心理健康教育专职教师，未满足专兼职教师结合的要求。

二 北京市职业教育"双师型"教师队伍建设的经验做法

（一）坚持师德为先，分层培养，筑牢教育教学能力根基

1. 坚持党管人才原则，强化师德师风建设

坚持把政治引领摆在教师队伍建设的突出位置，把好方向之舵，领好前进之航。通过开展全员的师德培训，常态化师德教育，评选师德标兵，深化宣传学习，把师德教育贯穿日常教学、科研和社会服务全过程。为了加大师德培训力度，北京市专门设立了职业学校教师师德培训基地，牵头面向全市职业学校的教师开展专题化的师德培训，把师德师风建设作为教师队伍建设的首要任务。建立健全师德建设长效机制，组织各职业学校教师开展做新时代"四有"好老师、"四个引路人"学习实践活动。坚持把师德师风作为评价教师队伍素质的第一标准，把政治素质过硬作为师德师风建设的核心，通过建立师德考核的制度机制，用制度的力量确保师德师风建设常态化、规范化。

2. 重视基本能力建设，培养基础合格教师

在职业学校教师培训体系中，北京市特别设立了市级新入职教师及班主任、辅导员培训项目，针对入职三年以内的教师以及负责学生管理工作的教师，开展职业教育教学理念、教学设计与实施以及学生管理等教学基本能力培训，提升职业教育教师综合育人的基础能力。职业学校层面也重视加强新入职教师培训，基本形成常规的校内培训体系，以此确保教师在职业生涯起点拥有基础的教育教学能力。

3. 开展分级分类培训，兼顾全员素质提升

北京市职业学校教师的全员素质提升依靠教师培训的体系分级和项目分

类来实现。体系分级是指校本级、市级和国家级三级培训体系。项目分类是指职业学校教师培训项目，包括专业类培训和非专业类培训。其中，专业类培训项目最能体现职业教育的类型特色，与行业企业需求、产业发展、技术革新密切结合，有助于提升专业课教师的教学能力和实践技能。非专业类培训项目包括面向思政课教师以及其他公共基础课教师的培训，也包括师德及学生管理能力等通用类培训，是职业学校非专业课教师教育教学能力提升的重要平台，有助于发挥好公共基础课在技术技能型人才培养中的基础性作用。三级培训体系实现了教师培训的面-线-点相结合，项目分类又实现了专业教师与非专业教师兼顾，保证职业学校的所有教师都能找到能力提升的渠道和平台，实现教师培训广覆盖的目标。

4. 搭建能力成长阶梯，实现分层级培养目标

在全市职业学校教师队伍建设的体系中，特别设计了能力分层的高水平教师培育项目，引导"双师型"教师队伍建设的梯度培养。设立市级"高水平教师队伍培育和支持计划"①，按照教师发展的能力递进层次，分别设立了优秀青年骨干教师、专业带头人、职教名师培养项目，帮助教师实现能力的逐级提升。在市级培养框架的引导下，各中高职院校也逐步建立起校级能力分层的教师培养体系，为职业学校教师的职业生涯发展搭建了非常好的阶梯和平台。

（二）坚持产教融合，标准引领，强化专业教师双师素质

1. 出台双师标准，推动"双师型"教师认定规范化

2020 年，北京市在全国率先出台了《北京市职业院校"双师型"教师认定办法（试行）》，提出了"双师型"能力认定的多种可选择的条件，为"双师型"教师队伍建设明确了途径，鼓励职业学校的专业课教师走进企业积累实践经验，鼓励职业学校引进来自行业企业的高技能人才，规范了"双师型"教师认定条件和机制。通过"双师型"教师认定工作的深入开展

---

① 《"十四五"时期北京市职业院校教师素质提高计划》（京教人〔2021〕38 号）。

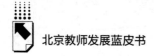

和规范化建设，加快了职业学校"双师型"教师队伍建设进程。

2. 深化产教融合，推动教师企业实践落地实施

坚持职业教育办学特色，在推进专业课教师企业实践的过程中持续深化产教融合、校企合作。各中高职学校是组织教师开展企业实践的主体，学校充分利用校企合作资源统筹安排教师企业实践的时间、地点和形式，因此教师企业实践的质量在很大程度上取决于校企合作的深度。为了统筹利用北京市重点发展产业所涉及的规模企业、龙头企业资源，支持职业学校教师能力建设，北京市遴选建设了 20 家教师企业实践基地，其中 7 家企业同时入选了全国职业教育教师企业实践基地，为职业学校教师企业实践搭建了更加高端的平台，有效提升了教师的实践能力。

3. 引进技能人才，提升教师队伍双师素质

由于我国的职业教育教师绝大部分在入职前没有企业工作经历，专业课教师的实践教学能力是明显的短板，这成为"双师型"教师队伍建设的难点和关键。在通过教师培养、培训推进专业课教师自身"双师型"能力建设的同时，引进行业企业的高端技术技能型人才，以专兼结合的方式提升整个教师队伍的"双师型"素质，成为同时保证职业学校理论教学和实践教学质量的比较有效的措施。为此，北京市专门实施了特聘专家支持计划，鼓励职业学校根据人才培养和专业建设的实际需求，从相关行业企业聘请优秀的专业技术人员或高水平技术技能型人才作为特聘专家，指导学校加强专业建设和队伍建设。

（三）坚持以赛促教，打造团队，提升教育教学改革能力

1. 依托大赛平台，提升信息化辅助教学改革的能力

近年来，北京市高度重视职业学校教师教学能力比赛的组织和安排，构建起校级、市级、国家级三级赛事体系，以赛促教，持续提高教师在信息化助力下的常态教学能力，在比赛中融入课程思政、学生主体、模块化教学等改革要求，不断改进人才培养手段和方式，提高技术技能人才培养质量。

2. 培育创新团队，打造教师团队发展的特色品牌

北京市从"十一五"时期开始培育专业创新团队，截至 2022 年，共培育建设了 210 个市级专业创新团队。通过市级专业创新团队的培育，为国家级教师教学创新团队的培育奠定了扎实的基础，有 12 个市级团队入选了国家级职业教育教师教学创新团队。创新团队在团队能力提升、教育教学改革、教学模式创新、校企合作机制以及产学研合作技术攻关等领域进行探索和实践，打造了很多特色品牌，极大地推动了专业建设和教师队伍建设，有效助力专业发展成为国家或者市级的重点建设专业，培育了大批职教名师等高层次教师，并且很好地发挥了以点带面、先行先试、示范引领的作用。在教育部 2021 年介绍新时代高校教师队伍改革建设情况的首场新闻发布会中，北京工业职业技术学院机电一体化技术专业教学创新团队作为 122 个首批国家级职业教育教师教学创新团队的唯一代表出席发布会并分享了创新团队建设经验，在全国发挥了非常好的辐射和示范作用。

三 北京市职业教育"双师型"教师队伍建设的问题与挑战

北京市职业教育"双师型"教师队伍建设已经积累了很多有效的经验，教师队伍建设的效果在教育教学、人才培养等多方面充分体现。但是，数字化对经济和社会的快速改造以及产业领域的技术革新都要求职业学校教师的实践教学能力与时俱进，教学对象以及教育教学理念的变化要求教师的理论教学能力相应提升，为了更好地助力职业教育高质量发展，增强首都职业教育的适应性，"双师型"教师队伍的整体素质仍然存在提升空间。

（一）"双师型"教师认定标准有待完善

"双师型"教师占比长期以来都是作为职业教育教师队伍建设水平的重要指标。在《国家职业教育改革实施方案》之前，国家文件中没有正式对"双师型"教师的内涵和标准进行准确界定，通常以"双证书"（同时具有教师资格证书和行业能力资格证书①）作为"双师型"教师的判断标准，而行业能力资格证书的主体就是职业资格证书。但是，根据《国务院关于取消和调整一批行政审批项目等事项的决定》的精神，国家自 2014 年开始分批减少部分职业资格许可和认定。截至 2016 年 12 月 8 日，国务院分 7 批取消的职业资格已经高达 433 项。国家分步有序将大部分水平评价类技能人员职业资格退出国家职业资格目录，同时推行职业技能等级制度。原有的国家职业资格证书大批量退出，而新的社会组织开发的证书还不成熟，再用"双证书"作为"双师型"教师的判断标准已经不适应当前"双师型"教师队伍建设的要求，而且也不符合以能力为导向的要求。

北京市为了尽快规范新发展阶段的"双师型"教师认定标准，于 2020 年在全国率先研制出台了《北京市职业院校"双师型"教师认定办法（试行）》。随着新标准下"双师型"教师认定工作的开展，在职业学校层面又发现了新的问题，即对于已经认定为"双师型"的教师，虽然有五年的时效性限定，但是五年内很多教师找不到发展方向、缺失成长动力，"双师型"教师的成长机制需要进一步完善。

2022 年，教育部印发了《职业教育"双师型"教师基本标准（试行）》（以下简称《基本标准》），将中高职院校"双师型"教师分为初级、中级和高级三个层级，并从专业知识技能水平、教育教学研究能力、企业工作经历或实践经验、职业技能等级证书或职业资格证书等方面提出了各层级的能力要求。对照教育部印发的《基本标准》，北京市的"双师型"教师认定标准缺少了等级的细分，这也正是"双师型"教师成长机制的关键所在。

（二）"双师型"教师引进机制亟待落地

《国家职业教育改革实施方案》提出：从 2019 年起，职业院校相关专业教师原则上从具有 3 年以上企业工作经历并具有高职以上学历的人员中公

---

① 北京市教育委员会发展规划处《北京市教育事业统计资料（2021—2022 学年度）》。

开招聘。但是这一政策的实施受到人事制度的多重约束：一是学历问题，一线的高端技术技能人才往往学历不能满足招聘需要，破格招聘的相关政策并没有配套到位；二是户籍问题，在北京市人口疏解政策的制约下，外地户籍的高端技术技能人才的招聘使用非常困难；三是待遇问题，高端技术技能人才在行业企业的待遇远远高于职业学校，职业学校专业教师岗位对于高端技术技能人才的吸引力不足。

此外，通过"双师型"教师队伍素质结构分析发现，职业学校兼职教师的比例有待提高，尤其是中等职业学校，在生源逐步回暖的情况下，兼职教师队伍需要加以补充。在专任专业教师招聘制度较难落实的情况下，从企业引进高端技术技能人才作为兼职教师也是职业学校"双师型"教师队伍素质提升的重要方式，但是受到事业单位工资总额的限制以及相关经费保障的制约，企业技术能手作为兼职教师的待遇需配套保证，相关支持政策亟须落地。

（三）"双师型"教师培养培训体系仍需健全

与职业学校教师在职培训体系相比，"双师型"教师培养体系的建设还相对滞后，教师的增量供给问题得不到有效解决。根据现有政策导向，未来职业学校招收应届毕业生的唯一渠道就是招收职业技术师范生，而北京市高等院校培养职业技术师范生的规模日趋减少，无法满足职业学校对"双师型"教师的需求，职业技术师范教育需要加强。

从职业学校教师的存量水平来看，现存专业教师绝大多数是普通高校毕业生，基本没有长时间的企业实践经验，能力短板仍然是实践技能。因此近期在"双师型"教师能力建设方面的工作重心还是补足企业实践能力的短板，这就需要整合企业资源，发挥企业在"双师型"教师培养培训中的主体作用。但是，在现有的职业学校"双师型"教师培养培训体系中，企业参与的动力仍然不足。虽然国家和北京市层面都遴选建设了一批教师企业实践基地，并且给予这些企业相应的税收减免政策，但是缺少相应的项目引导，而且在税收减免政策落地的环节也存在未打通的政策壁垒，企业的主体作用得不到很好的发挥。

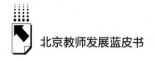

（四）专职思政与心理教师队伍需要加强

思政课教师队伍是落实好立德树人根本任务的重要保障。北京市有 10 所高职学校专职思政课教师与全日制学历教育在校生的比低于标准，因此全市高职学校专职思政课教师的平均生师比略高于国家规定的标准。同时，虽然北京市高职学校心理健康教育专职教师平均师生比远高于国家标准，但是学校间有差异，有 10 所高职学校心理健康教育专职教师数量不足 2 名，也有 10 所中职学校没有设心理健康教育专职教师，不能满足专兼职教师结合的配备要求。尤其现阶段，中高等职业学校学生的心理问题以及精神健康问题较为普遍和突出，更需要专职的、专业化的心理健康教育专职教师来进行疏导和引导，为正常的教育教学活动保驾护航。

四　北京市职业教育"双师型"教师队伍建设的政策建议

（一）完善京版"双师型"教师认定标准，加强规范化管理

一是研制适合北京市职业教育发展水平的"双师型"教师分层标准。基于北京市职业教育高质量发展的需要，《北京市职业院校"双师型"教师认定办法（试行）》中规定的"双师型"教师认定的实践教学能力标准，是对北京市职业学校"双师型"教师的基本要求，起点水平基本对应国家《基本标准》中的中级标准。为了建立更加有效的"双师型"教师队伍建设激励机制，为"双师型"教师的能力提升搭建阶梯平台，进而保障北京市职业教育高质量、有特色、国际化发展，应尽快研制并出台北京市的高级"双师型"教师认定标准，从而引导职业学校持续加强"双师型"教师队伍建设。引导职业学校将"双师型"教师纳入专业课教师工资分级、职称晋升、评优评先、课题申报等的条件，并对更有层次的"双师型"教师给予各方面政策上的倾斜。

二是加强统筹管理。在"双师型"教师认定和管理工作中，发挥市级职业教育教师发展中心的作用，引领校级教师发展中心建设。通过北京市职

业教育教师发展中心有效整合全市资源，一体化设计全市职业学校教师队伍管理体系，建立完善信息化管理平台，对各职业学校"双师型"教师认定工作加强管理、指导和跟踪检查。推动高职学校发挥好教师发展中心的作用，鼓励中职学校建立专门的教师队伍管理机构，专人专职做好"双师型"教师认定和档案管理工作。

（二）完善"双师型"教师培养培训体系，加强协同化培养

一是完善教师培养体系。北京市需要统筹规划职业技术师范生培养体系，加强职业技术师范院校建设，优化结构布局，引导一批高水平工科学校举办职业技术师范教育，为职业学校针对性培养适用人才。

二是完善教师培训体系。从"双师"能力建设的角度，职业教育教师的理论教学能力还需要加强，建议探索实施新入职教师经培训后持证上岗制度。现有职业教育教师资格证书对能力的要求更强调通用性，职业教育的类型特色不突出。而且，职业学校从行业企业引进的兼职教师往往没有经过系统的师范教育，需要规范提高教育教学能力。因此，职业学校新入职教师上岗前还应该经过专门培训，并取得相应的证书。这就要求完善现有新入职教师培训的课程体系，系统研究职业学校"双师型"教师所应该具有的基本理论教学能力标准，统一实施培训，由专门机构负责证书管理，从源头上保证职业学校教师具有符合职业教育特点的、满足高素质技术技能人才培养需要的基本教育教学能力。同时，持续深化落实职业学校专业课教师企业实践制度，通过深化产教融合、校企合作，加大力度组织专业教师下企业实践，实现职业学校专业课教师每年至少1个月在企业或实训基地实训的目标。

三是加强协同培养。职业教育教师队伍建设不能局限于单纯的教育领域，要从跨领域视角，形成政、校、行、企协同培养体系，[①] 需要营造四位一体、四方联动的教师发展生态圈。鼓励职业学校自主制定兼职教师管理办

---

① 任友群：《优化职业教育类型定位，建设高质量职业教育教师队伍》，《中国职业技术教育》2023年第5期。

法，推动企业工程技术人员、高技能人才和职业学校教师双向流动。依托知名企业高标准建设市级教师企业实践基地，探索教师培训基地与教师企业实践基地"双基地"合作培养"双师型"教师新模式。北京市已经遴选建设了20家教师企业实践基地，但是基地作用的发挥还需要加强，这就需要政府落实对于产教融合型企业以及教师企业实践基地的优惠政策，激励企业在职业教育教师队伍建设中真正发挥主体作用。

（三）完善"双师型"教师队伍建设的配套机制，加强政策化保障

一是切实用好人才政策。中共北京市委办公厅、北京市人民政府办公厅印发的《关于推动职业教育高质量发展的实施方案》提出：职业学校通过校企合作、技术服务、社会培训、自办企业等方式所得收入扣除必要成本外的净收入，可按最高70%比例提取作为绩效工资来源；保障职业学校兼职教师待遇，允许职业学校依法依规自主聘请兼职教师，确定兼职报酬。但是，职业学校高技能人才引进、校企互聘、兼职教师管理的相关政策需要推进落地，研究制定实施细则、引进标准，建设职业教育教师高层次人才服务绿色通道，打通人才政策落地的"最后一公里"。

二是改革评价考核制度。推进职业学校教师职称评聘制度改革，建立独立的职业学校教师职称评定机制。根据职业教育类型特征，在遵循教师职称评聘制度共性的基础上，将师德师风、工匠精神、技术技能水平、教育教学实绩等作为职业学校教师职称评聘的主要依据。鼓励职业学校将"双师"能力纳入教师考核评价体系，推进"双师型"教师队伍建设机制长效运行。

三是健全学分管理制度。研制职业教育教师继续教育学时学分管理办法，加强教师继续教育统筹管理，以学分登记管理制度为抓手，加快推进教师在职培训、企业实践等工作的规范化管理。

四是建立学习保障机制。职业教育改革和质量提升的关键在于教师，针对职业学校多数地处远郊区的现实情况，为教师提升"双师"能力提供必要的条件支持。教师到企业跟岗、顶岗实践以及参加在职培训，职业学校应从教学安排、时间保障和经费保障方面给予支持。

区域报告

B.8
提升科研素养促进教师专业发展的
区域实践创新

——以北京市海淀区教育科研种子教师研究项目为例

杜卫斌　严星林　张　禹　霍林霞　李　雷*

摘　要：　为打造高质量教师队伍，提升教师科研素养，海淀区通过多年的实践探索，实施了以"参与体验"为研修活动设计原则，以"教育使命"激发教师深层发展动力，以"学习共同体"增强教师发展内生动力的科研种子教师研究项目。项目扎根教育教学实践土壤，为教师专业发展路径做设计，借助区域、学校多级多层的教师研修保障机制，构建以科研素养提升为核心的教师研修课程，重点提升教师"听说读写"四项科研基本技能，以评价引导教师自主研修

---

* 杜卫斌，北京市海淀区教育科学研究院教师发展研究所高级教师，研究方向为教师发展、教育科研；严星林，北京市海淀区教育科学研究院教师发展研究所所长，高级教师，研究方向为教师发展、教育科研；张禹，北京市海淀区教育科学研究院教师发展研究所高级教师，研究方向为教师发展、教育科研；霍林霞，北京市海淀区教育科学研究院教师发展研究所高级教师，研究方向为教师发展、教育科研；李雷，北京市海淀区教育科学研究院教师发展研究所高级教师，研究方向为教师发展、教育科研。

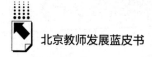

和主动追求自我发展，建设高素质教师队伍，带动区域教师队伍发展。

关键词： 科研素养　教师专业发展　教育科研　种子教师

教师队伍是教育强国的第一资源，是科技强国的关键支撑，是人才强国的重要保障。提升教师专业素养是高质量教师的关键支撑，是教师队伍建设的重要保障，是打造高质量教师队伍的现实需要。2013 年，海淀区教育科学研究院借助"教育科研种子教师研究项目"（以下简称"种子教师研究项目"），开始探索一种基于科研素养提升的教师专业发展新型方式，以教师教育项目形式来打造高质量教师队伍。项目通过课程设计、技能提升、机制保障等系列举措，突破当前教师专业发展中的一些弊端，在一定程度上提升了种子教师的科研素养，激发了其教育教学的动力，促进了其专业成长，进而培养了更多推动教育改革的"种子力量"，促进了区域教育内涵发展和品质提升，产生了良好的影响。

一　教师专业发展的阶段特点及影响因素

教师专业发展是服务于发展教师的个人技能、知识、专长和其他教师专业特点的活动总称，① 其包括教师专业信念、专业知识、专业能力、专业情意等要素，这些要素在教师不同的职业发展阶段呈现不同的样态和需求。

（一）教师专业发展的阶段特点

休伯曼教师生涯理论认为，教师职业生涯可以分为五个阶段（见图 1），即生存和发现期、稳定期、实验或经验总结期、平静期或保守期、职业生涯末期。②

---

① 龙宝新、李贵安：《当代国外研究视角中的教师专业发展》，《教师教育论坛》2016 年第 5 期。
② 转引自朱旭东《教师专业发展理论研究》，北京师范大学出版社，2011。

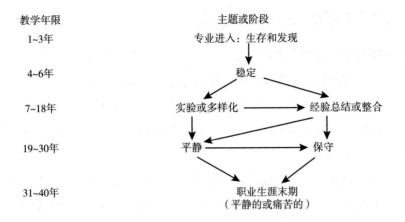

图1　休伯曼教师生涯发展模型

从休伯曼教师生涯理论来看，入职1~3年是教师的"生存和发现期"，新任教师的特点是求生存、求适应，了解教育教学的基本实践情况，站稳讲堂，被学生接纳。入职4~6年进入"稳定期"，教师比较熟悉教育教学方法，能够胜任工作，对教育教学有一种把控感，开始体会到职业的乐趣。入职7~18年，教师面临职业分化，在此阶段，如果能够积极面对，借助各种资源和平台，不断总结反思，就会获得自我发展，反之，则会自我怀疑，出现职业倦怠。而入职19~30年，教师面临又一次职业分化，有的教师会获得正向发展，进入平静期，有些则进入保守期，在职业发展中表现为趋于保守，抗拒革新。入职31~40年是"职业生涯末期"，教师可能会更多地选择规避教育教学中的风险，投入工作的精力也会减少。

由此可见，要想促成教师专业发展的可持续性，需要把握教师专业的阶段特点，尤其是要关注第二、第三阶段的教师，帮助教龄在4~18年的教师进入"实验期"和"平静期"，在其还没有进入倦怠和保守前，给予平台、资源等支持，使其保持积极向上的态度，具备稳定发展的素养，获得专业发展，从而提高教师教育质量。种子教师研究项目聚焦中青年教师，关注教龄3年以上，年龄40岁以下中青年教师，引导科研种子教师研究课堂教学，使研究走进科研种子教师的教育教学实践生活中。

（二）教师专业发展的影响因素

教师的专业发展受多方因素影响，综合专家学者的研究，整体上分为外部因素和内部因素两个方面，外部因素包括个人生活环境、组织环境等，内部因素包括认知发展水平、已有的教育观念、专业发展态度等。[①] 有研究者认为，教师专业发展态度是教师专业发展的根本因素，组织环境是教师专业发展的关键因素。[②]

教师专业发展态度是教师专业实现发展、不断提升的根本原因，教师要认可专业发展是可以通过自身的努力和正确的路径实现的，有效的教师专业发展建立在需求、反思和参与者需求驱使的尝试上。[③] 有研究表明，成人90%的新学习是通过在工作中自我发起学习活动来实现的。[④] 教师是成人，需要遵循成人学习理论。成人学习理论认为，教师已经具有独立的自我概念，是自身学习和发展的主体，对自己的能力、性格、态度等有清晰的认识，从而对自己学习的原因、目标等有准确的把握，同时作为成人，其学习的主动性较强，了解自身的学习需要，有明确的学习目标，能计划自己的学习和生活，能够结合自己已有的经验，积极地去发现问题、分析问题和解决问题，并进行自我教育与自我学习，外部因素如个人生活环境、组织环境等的影响、要求，须得到教师的积极认可、自觉践行，才有可能推动教师自我发展，产生理想效果。种子教师研究项目在设计主题、活动内容和形式时，遵循成人学习理论，使其从关注"控制""任务""利益"等外部目标转为关注"成长""能力的锻炼""兴趣"等内部目标，促进种子教师自身专业发展意识的觉醒，实现专业自主发展。[⑤]

---

① 郝敏宁：《影响教师专业发展的因素分析——兼论促进教师专业发展的策略》，硕士学位论文，陕西师范大学，2007。

② 白芳：《教师专业发展的特点与生态化培养模式构建研究》，《齐鲁师范学院学报》2021年第6期。

③ 宋广文、魏淑华：《论教师专业发展》，《教育研究》2005年第7期。

④ 李广平：《教师间的合作专业发展》，《外国教育研究》2005年第3期。

⑤ 杜卫斌：《利用动机自我决定理论引导教师专业发展的实践探索》，《基础教育论坛》2019年第27期。

组织环境是教师专业发展的关键因素。对于教师而言，区域教师教育培训部门、学校、教研组、课堂等都是教师所处的组织环境，对教师专业发展都产生至关重要的影响。如果教师身处一个教师教育发展项目团队中，有良好的教学科研氛围，有教育专家的关注指导，有研讨交流展示的平台，教师教育教学水平会得到较大提高，教师专业发展的自信心也会增强，那么教师的发展就可能像我们期望的那样进入平静期，专业信念、专业能力等获得发展，成为高水平教师，从而使教育质量得到提升。种子教师研究项目以学习共同体的形式，引导教师在学校实践现场中，经历一次又一次的教育科研活动，在充分表达、共同分享、相互讨论的基础上，认识、学习和完成各项课题或项目研究任务，在不断提升自身教育科研能力与水平的同时，也增强教育教学能力，坚定职业信念。

二 教师提升科研素养的时代要求

时代发展需要教师提升科研素养，教师通过开展教育教学研究，发现和解决教育教学中的新问题、新困惑，做出科学的决策，提升教育教学质量。

（一）提升教师科研素养是应对当今社会变局的重要方式

受到世界变局、社会迭变、科技巨变和需求变化的影响，当前教育也充满了易变性、不确定性、复杂性和模糊性。在人工智能快速发展的影响下，教师的功能和角色还受到来自未来的挑战。学校普通教师面对如此迅猛的变化，要解除困惑并不断适应环境，靠"上好课"已经无法应对这些变化，能够"依靠"的方式就是研究教育。"教育科研素养比较薄弱"成为教师专业化成长的"瓶颈"。以前，教学问题往往根据既有经验就可以解决，而在新时期经验之谈越来越力不从心，新时期要求优秀教师"既要教课好，又要科研好"[1]。通

---

① 曾天山、王新波：《中小学教科研亟须走向 3.0 版——基于 3000 多名中小学教师教科研素养问卷调查的分析》，《人民教育》2017 年第 20 期。

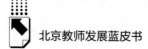

过研究获得更为深刻的教育感知，形成更为通达的教育理念，并且能够将这种教育感知、教育理念与个人的教育经验相融合，成为一种来自教师心灵深处的促进教育变革的行动力。

（二）提升教师科研素养是确保教育质量的重要举措

2019 年 10 月 24 日，教育部颁布了《关于加强新时代教育科学研究工作的意见》（以下简称《意见》），历史性地对我国教育科研体系建设进行政策方向引领。《意见》指出："鼓励支持中小学教师增强科研意识，积极参与教育教学研究活动，不断深化对教育教学改革的规律性认识，探索适应新时代要求的教书育人有效方式和途径，推进素质教育发展。"科研素养已然成为中小学教师专业素养的组成部分，是确保我国基础教育质量的重要举措。

（三）提升教师科研素养是种子教师研究项目开展行动研究的重要内容

中小学教师从事教育科研是为了获得更为深刻的教育感知，形成更为通达的教育理念，并且能够将这种教育感知、教育理念与个人教育经验相融合，成为一种来自教师心灵深处的促进教育变革的行动力，并在教育教学实践中基于他们的实践研究而不断做出各种合理的决定。[①] 种子教师研究项目以提升教师教育科研素养为重要内容，以推动教师教育教学实践行为改进为宗旨，在探索经验型教师发展成研究型教师的路径、机制和课程方面取得了一些成果，但在实践层面仍然需要继续探索，以满足学校、教师发展的需求和促进项目的自我完善。

---

① 吴颖惠、杜卫斌等：《行走在教师身边的科研：海淀区教育科研"种子教师"研究项目实践探索》，北京大学出版社，2019。

三　教师科研素养的内涵及现状

（一）教师科研素养内涵及要素

素养是个体知识、技能、情感、态度、价值观等多方面要求的综合表现。教师科研素养，是指教师在教育科学研究方面的意识、知识、能力、伦理等。[①]

教师科研素养的结构要素学术界尚无清晰的划分。辉进宇、褚远辉认为，科研意识、理论素养、科研专门知识与技能、科研实践经验和科研情感体验等要素构成了中小学教师科研素养的基本结构[②]；张斌认为，教师科研素养包括科研观念、科研理论、科研能力和科研道德四个方面[③]；丁新胜认为，研究型教师的素质包括科研意识、理论素养、能力素养和道德素养[④]；董建春认为，教师科研素养的构成有科研意识、理论知识、科研能力和科研道德[⑤]；王丽娟认为，教师需要从品德、把握科研信息能力、创新意识、探究精神、团结合作五个方面构建自己的科研素质[⑥]；桑国元等从对"素养"一词的理解出发，将教师科研素养分为，意识素养、能力素养、伦理素养三大维度[⑦]。

可见，不同学者对教师科研素养概念的界定有所不同，但大部分学者认为教师科研素养不是单独某一方面的素养，而是一个综合的概念，属于各种素养的总和。其构成要素也有共识，如科研意识、科研知识、科研能力和科研道德。种子教师研究项目组在学者研究的中小学教师科研素养结构基础上进行了扬弃，根据种子教师特点和需求，确定了种子教师所需要学习和突破

---

① 桑国元、郑立平、李进成：《21世纪教师的核心素养》，北京师范大学出版社，2017。
② 辉进宇、褚远辉：《中小学教师教育科研素质的结构及培养》，《教育理论与实践》2015年第8期。
③ 张斌：《中小学教师科研素养提升研究——从教师核心素养谈起》，《教师教育论坛》2017年第8期。
④ 丁新胜：《论研究型教师的素质及其培养途径》，《教学与管理》2006年第18期。
⑤ 董建春：《中小学教师的教育科研素养与培养》，《教育评论》2008年第1期。
⑥ 王丽娟：《教师科研素质的自我构建》，《中国成人教育》2004年第9期。
⑦ 桑国元、郑立平、李进成：《21世纪教师的核心素养》，北京师范大学出版社，2017。

的教师科研素养结构（见表 1），将其构成分为四个维度：科研品质、科研道德、科研知识和科研能力。每个维度有不同的指标要素和内容要点。

表 1　中小学教师教育科研素养结构

维度	指标要素	内容要点
科研品质	科研精神	创新、质疑、担当
	科研品格	求真、包容、敏锐
	科研态度	热爱、坚守、坚韧
科研道德	研究伦理	公平、真实
	学术规范	严谨、诚实
科研知识	学科专业	学科本体知识、学科教学知识
	教育理论	教育学理论、心理学理论 学习科学理论、学生发展理论
	科研方法	科研范式、方法选择、工具应用
科研能力	关键意识	问题意识、反思意识、分享意识
	基本技能	听：科研信息获取 说：口头学术表达 读：科研文献阅读 写：书面学术表达
	核心能力	选题设计：问题调研、问题分析、问题表达 组织实施：方案设计、科研活动、总结评估 成果提炼：材料收集、经验提炼、理性思考

（二）教师科研素养现状

教师科研素养是教师核心素养的重要组成部分，在文献查阅和实践调查中我们发现，教师科研素养还有待提高，尤其是在当下教育教学改革过程中，面临很多亟须解决的教育热点、难点问题。刘聪认为教师科研素养不足，主要表现为教师科研意识较淡薄、缺乏系统的科研理论知识和能力、科研范围选题及方法不得当、教育科研动力不足、教育科研成果转化较少等问题。[①] 赵新亮、郑浩对北京市 40 所中小学校的 1611 位教师的问卷调查结果显示，中

---

① 刘聪：《区域中小学教师教育科研素养的现状及提高对策》，《新课程学习（综合）》2010年第 12 期。

小学教师往往由于教学任务较重而缺乏参与科研的意识。部分教师存在科研动力不足、科研方法掌握不够、科研成果较少、成果转化偏低等问题，其中年轻教师的科研素养得分显著偏高，具体表现如下，在科研意识、科研能力方面，35岁及以下教师的得分显著高于36~59岁教师；在科研成果方面，46~59岁教师的成果产出最低，显著低于其他年龄段教师，同样在科研转化方面，35岁及以下教师的得分也显著高于46~59岁教师。其原因可能是46~59岁教师已经到了一定的职业瓶颈期，或者已经完成了高级职称的评定，从而出现了参与科研动力不足、成果产出意识不强等问题。[①]

种子教师研究项目组2018年对其中一个由32位初次接触项目的种子教师构成的共同体的问卷调查显示，有近20.00%的教师作为市级或区级课题负责人，还有15.63%的教师没有参加过课题研究（见表2），这个共同体种子教师的科研水平差异比较大，在科研的价值方面，32位种子教师有强烈的认同感，种子教师对于课题研究的热爱，他们能够认识到科研对提高自身专业发展的价值，也就是说绝大多数种子教师是基于自我发展需求而参与项目的（见表3）。在科研方法方面，非常了解，能够熟练使用的不到7.00%，而且水平差异较大（见表4），摆在种子教师面前的科研困难主要是难以选择恰当的课题、不知道如何进行研究、研究与教育教学工作分离、写作和总结能力不高等（见表5）。

表2　种子教师参加课题研究的情况

第10题　您是否参与了相关的课题研究工作［单选题］

选项	小计（人）	占比（%）
作为课题负责人承担过市级及以上课题	3	9.38
作为区级课题负责人承担过区级课题	3	9.38
作为课题组成员参与过区级以上课题	13	40.63
参加校（集团）级课题（项目）研究	8	25.00
未参加过课题研究	5	15.63
本题有效填写人数	32	

---

① 赵新亮、郑浩：《中小学教师科研素养现状及影响因素研究》，《中国教师》2022年第6期。

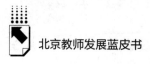

表 3　种子教师认为科研对教育教学改进的作用

第 12 题　您认为科研工作对个人改进教育教学,促进职业发展的作用有多大[单选题]

选项	小计(人)	占比(%)
作用很大	19	59.38
作用较大	12	37.50
作用一般	0	0.00
几乎没有作用	1	3.13
本题有效填写人数	32	

表 4　种子教师对教育科研方法的了解

第 15 题　您是否了解教育科研的方法[单选题]

选项	小计(人)	占比(%)
非常了解	2	6.25
比较了解	11	34.38
一般了解	13	40.63
不太了解	6	18.75
本题有效填写人数	32	

表 5　种子教师对制约个人科研原因的看法

第 16 题　您认为制约个人当前科研的原因是(请按重要程度排序)[排序题]

选项	平均综合得分
难以选择恰当的课题	3.97
不知道如何进行研究	3.53
研究与教育教学工作分离	3.03
写作和总结能力不高	2.81
过程根本没有落实	2.34
科研成果无实际价值	1.75

四　教师专业发展的创新实践——以海淀区教育科研种子教师研究项目为例

高质量的教师教育发展项目能够推动高质量教师队伍的建设,从而造就高质量的教育。海淀区用种子教师研究项目，以科研的方式来推动教师专业发展，在项目推动过程中，针对目前教师研修中的困境，采取了共同体的形式，关注教师体验，借助课题研究与实践交融，对经验进行系统梳理、凝练，促使教师发生思维方式的转变，并以研究的视角主动调整教育观念和教育行为，由此促进研究素养不断丰富、不断提升、不断完善。

（一）中小学教师研修中的现实困境

通过文献查阅和实践调研，我们发现当前中小学教师研修中的现实困境，主要表现在以下三个方面。

1. 教师研修形式相对单一

各级教师继续教育部门组织的教师研修，多采用"传授-接受"模式，如专家报告、名师课堂教学展示，包括各种在线研修课程学习。这种研修模式仍然以灌输、讲解为主，与教育教学实践脱节，缺乏研修学习与实践改进之间的互动与建构过程，致使教师研修难以介入教学实际。这种"传授-接受"研修形式忽略了教师的实际需求，[①] 理论层面灌输多，解决课堂实际问题少，[②] 在研修中授课者和学习者之间的平等交流与互动较少，学习者之间的经验分享及教学同行之间的深入讨论也比较缺乏，致使教师研修的实效性不高。

2. 研修中教师体验不足

在当前的教师研修中，以讲授者为中心，忽视教师自身具有的资源价值即主体性的严重弊端，与教师作为成人的学习特点相脱离，往往难以内化为教师自身的专业素养。实践研究表明，教师学习具有很强的自主意识和成就动机，他们作为实践者，都拥有较为全面的学科知识和不同程度的教学经

---

① 周玉元：《我们需要什么样的培训——中小学教师培训需求与现行培训矛盾的调查与建议》，《中小学教师培训》2010 年第 12 期。

② 王祖琴、陈光春：《湖北省农村乡镇中小学教师专业发展现状及对策》，《湖北教育学院学报》2006 年第 4 期。

验，有能力参与学习过程，并希望自身已有经验通过学习得到印证或升华。[①] 在呼唤学生主体性的今天，教师本应具有的主体性一直没有得到充分的认可和尊重，这也是导致教师研修实效性不高的原因之一。

3. 研修中教师动力不足

与当前各级各类热火朝天的教师研修很不对称的是教师对研修活动的抵触和研修的低效，以及教师学习功利化、无问题意识、无内在需求等问题。这是教师内驱力不足的表现，为解决这些问题，要注意撬动提升教师研修的内驱力，并通过内外力量的作用与保护，形成一套运转顺畅的保障机制，让教师从心底认可通过研修提升教师专业能力是教师自己的事情，增强种子教师对教育的认识，做有信念、有使命感的教师，提升教师研修的实效性。

（二）种子教师研究项目发展的三个阶段

种子教师研究项目是以研修的方式开展的学习，既是学习也是研究，在研修活动中，教科院专业科研员与片区负责人（聘请学校优秀科研干部兼任）是种子教师研修活动的策划者和组织者，也是教师学习的促进者。其充分发挥了思想引领和统筹规划的作用，为种子教师提供思想和资源支持，并及时总结、宣传教育研究成果。种子教师是研修的主体，在参与学习活动的过程中，通过倾听、研讨、展示等科研活动，将自身已有的教育知识经验进行重整、提炼、升华，形成一种可以操作的教育思想与方式。在整个研修中，种子教师经历了感知、体验和领导力建设三个阶段。

1. 感知阶段

种子教师走进学校、了解各校的研究特色。学校为种子教师提供优秀教师的课题研究成果性质的展示课，为种子教师成长打开窗口，种子教师在课后的研讨中感知教师是如何进行课题研究、如何将其落实在教育教学实践中并指导教育教学实践工作的，以达到感知教师如何在教育教学实践中开展研究，并通过研究改进教育教学实践工作的目的。

---

① 张铁道：《探索教师研修20年》，《中国教育科学》2015年第1期。

2. 体验阶段

在感知的基础上，为种子教师创设有意义的、有价值的、有获得感的学习体验，在研修活动中嵌入科研讲座、科研方法培训，并通过研讨，实现科研方法与感知经验的有机结合。

3. 领导力建设阶段

种子教师通过研修学习，实现教育思想与实践经验的有机结合，进而从参与课题研究走向独立承担课题研究工作，并在课题研究中应用研究方法、组建研究团队、组织课题组开展研究、提炼研究成果，在这个过程中，逐渐具备发现问题、确定选题、申请课题、组织协调、梳理提炼成果和推广成果等科研素养中的核心能力，成为研究型教师。在此过程中，种子教师以自己承担的课题为依托，将有同样需求和研究兴趣的教师联系起来，形成跨学校、跨学科的研究团队，不定期开展研修活动，真正促进教育教学行为的改进。项目组提供专家资源，搭建论坛学术交流平台，对有价值、有意义课题研究进行跟踪指导。

（三）种子教师研究项目的实践保障

1. 政策保障机制

海淀区教育科学研究院为种子教师搭建成长平台，提供专家支持和课题支持。从 2015 年起，海淀区教育规划课题类型中增设了"种子教师专项课题"，为种子教师提供了专项课题研究保障。2015 年种子教师专项课题立项 81 项，其中重点关注课题 12 项。

2. 片区负责人机制

种子教师团队是一支涉及面广（学校、学科、学段）的教师研究团队，为切实有效地给种子教师提供帮助，海淀区在组织管理上进行了片区划分，以地理位置为主要依据，划分为八个片区。片区负责人是片区项目活动的策划者和组织者。同时，制定《海淀区"教育科研种子教师"片区负责人工作指南（讨论稿）》，明确种子教师、片区负责人和区教科院的职责。

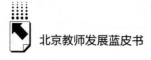

3. 种子教师论坛机制

海淀区以论坛形式进行学术引领与分享，提炼打造优秀的教育科研成果，提升种子教师的学术领导力，增强种子教师的专业自信、基于学科教育实践理解的话语权以及影响力。

4. 区域校际教育资源共享机制

海淀区拥有丰富的教育资源，种子教师研修可以使用片区内的教师资源、物质资源和成果资源，片区内优秀教师的研究课为研修提供了案例和研讨的课程资源。借助这种教育研究的现场资源，实现了种子教师研修的课程资源与区域学校优质教育实践的结合，为种子教师的学习提供了可听、可看、可思、可学、可说、可读的课程资源，实现了教育资源利用的最大化。

5. 研修课程师资的构成机制

与种子教师科研素养课程相对应的师资团队主要由四部分构成：一是项目团队的同伴，研讨中相互启发，分享心得；二是教科院科研人员和片区负责人，提供必要的研究方法指导和活动策划；三是项目主题活动承办校优秀学科教师，提供研究课和研究成果分享；四是高校和科研机构的专家，参与并对项目主题活动进行指导。

（四）种子教师研修项目的实践效果

对第二届种子教师（172 人）的问卷调查结果显示，种子教师在科研意识与科研方法、改进教育教学的动力、改进教育教学的方法、专业自信心与专业规划的能力、教育理论素养和科研写作能力等方面认为帮助很大的占比都在 50.00%及以上（见表 6），认为对科研意识与科研方法帮助很大的占72.67%。种子教师认为研修对自身的专业成长帮助大的为 93.60%，认为帮助最大的为 34.88%，占总调查人数的 1/3 以上（见表 7），说明这种新型的研修模式对种子教师的专业成长有比较大的帮助，并得到了种子教师的认可。

从种子教师的教育叙事中我们看到了种子教师"从迷茫到坚守"的过程。通过对教师职业发展规划、教育叙事撰写等课程的学习，种子教师对教育科研有了一个从认同到热爱再到坚守的过程。"教师职业发展规划"和

"教育叙事"的研修课程，使种子教师有了对未来职业路径走向的思考，有了规划自我学术发展的方向，有了作为种子教师的责任意识。在琐碎辛苦的教育生活中，探寻具有自身特色的教育方式方法，促进自身的专业素养不断提高，自我教育智慧不断提升。

表 6　种子教师研修对教师专业成长的帮助情况

单位：人，%

题目/选项	帮助很大	有较大帮助	有帮助	没有帮助
A. 科研意识与科研方法	125(72.67)	35(20.35)	11(6.40)	1(0.58)
B. 改进教育教学的动力	111(64.53)	42(24.42)	18(10.47)	1(0.58)
C. 改进教育教学的方法	102(59.30)	47(27.33)	22(12.79)	1(0.58)
D. 科研写作能力	95(55.23)	58(33.72)	18(10.47)	1(0.58)
E. 专业自信心与专业规划的能力	95(55.23)	57(33.14)	19(11.05)	1(0.58)
F. 教育理论素养	86(50.00)	63(36.63)	22(12.79)	1(0.58)

注：括号内为占比。

表 7　种子教师研修对教师专业成长的帮助情况（1 表示没有帮助，10 表示帮助最大）

单位：人，%

选项	小计	占比
1	0	0.00
2	1	0.58
3	0	0.00
4	2	1.16
5	8	4.65
6	15	8.72
7	20	11.63
8	45	26.16
9	21	12.21
10	60	34.88

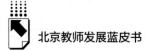

通过这种研修模式，让种子教师能说会写，"从沉默的听众到积极的表达者"。种子教师研究项目非常关注种子教师的学术表达，将其视为教师科研能力中的必备技能之一。学术表达分为口语表达和文本表达，种子教师在课程学习中开展研讨交流、与他人分享成果，学会点评课题、论文、研究课等，能够撰写教育案例、研究论文、课题申报书、研究报告等。第二届种子教师（172 人）问卷调查结果显示，种子教师在研修期间，在校级以上的活动中分享交流（包括说课、主题发言、研究课、赛课等）的占 69.19%，说明种子教师的学术口头表达能力得到了比较好的提升，不仅自身有了一定变化，还可以影响学校其他教师。第二届种子教师研修期间，即 2017~2020年，共发表论文 140 篇，有获奖论文 375 篇。对第二届种子教师的问卷调查结果显示，88.95%种子教师认为种子教师研究项目对自己的科研写作能力有帮助，"对提高科研和论文写作能力有所帮助"成为种子教师对研修课程最深的感受之一。

通过这种研修模式，种子教师具备了科研反思意识，从盲听盲信向理性审思发展。种子教师以科研的视角来反思日常教育教学实践中所发生的事件、故事，从中发现关键问题，探索解决关键问题的策略。北京明天幼稚集团种子教师吕顺舟正因有了"不懂放手，孩子怎能长大"的反思，才有了"蹲下身子，站在孩子的角度看待问题"这样的教育思想和教育观。

通过这种研修模式，种子教师经历了"从见怪不惊到敏锐洞察"的过程，能够从纷繁复杂的教育事件中捕捉到研究问题。做教育科研，需要有敏锐的科研意识，它包括问题意识，问题意识也是科研的开端，科研始于问题，研究者需要在众多的问题中抓住核心问题，并将这种问题意识转化为科研选题。

通过这种研修模式，种子教师"从跟随者到领导者"，能够在课题研究方面独当一面。种子教师中有的成为承担课题的负责人，有的成为学校科研活动的骨干分子，具备了一定的科研能力，如选题、组织开展课题研究、提炼成果等能力，成为一名研究型教师。

五　教师专业发展的实践策略

（一）教师专业发展路径设计必须扎根教育教学实践土壤

　　教师研究自然离不开课堂教学，课堂教学永远是教师研究的"原点"。教师需要在日常教育教学过程中提出问题、发现问题，并努力寻找解决问题的有效方案。这是一个教师教育研究的完整过程。种子教师研究项目正是基于引导教师在常态化教育现场开展研究的这一思想。种子教师研修主题设计一开始就接近教师教育教学实践，走的是大众化、低重心的研究之路，走进教师日常教育实践生活，这是一种基于课堂、基于教学的科研方式，从而使种子教师研修活动在海淀区教育的广袤大地上绽放出勃勃的生机与活力。

（二）教师专业发展需要有提升教师素养的研修课程

　　海淀区种子教师研究项目是以提升教师的科研素养为依托，带动教师整体素养提升。项目组通过查阅文献和调研了解种子教师特性，完成了种子教师科研素养结构的探索，结合项目的时间范畴、频次等特点，以科研意识、科研知识和科研能力三个维度为重点，形成了种子教师科研素养提升课程（见表8）。课程不是向种子教师灌输现成的理论，而是激活教师的实践知识，促成教师教育教学实践改进，促进教师专业发展。

表8　种子教师科研素养提升课程

科研素养维度	解读	分解点	研修课程	课程阐述
科研意识	指研究者的探究意识和心理准备	相信科研，对科研有兴趣，能够积极投入科研，产生价值认识	教师职业发展规划	规划三年发展目标，相信科研能够提升教师专业发展进而引发教师动机、激发教师科研兴趣
			教育叙事	发现教育价值，产生教师使命感

科研素养维度	解读	分解点	研修课程	课程阐述
科研知识	教育理论	教育学、教育心理学、学生发展、学习科学	教育经典阅读	项目组提供书目,种子教师自主学习,掌握教育学基本理论和知识,根据研究需要,选取适当理论指导研究
	前沿研究成果	教育热点及其研究成果	教育热点研究阅读;学术论坛和会议;外援课程	通过阅读文献了解研究热点和相关研究成果;在学术论坛和会议上倾听专家报告,交流成果,分享智慧
	科研方法	科研范式、方法选择、工具应用	教育科研方法	在系列主题活动中嵌入研究方法的学习
科研能力	运用教育科研知识,探索解决实践问题,验证相关教育假设的能力,促进教育教学实践的改进	捕捉问题的能力确定研究选题,并在研究中解决问题,促进教育教学改进,要求具备理论思维能力、创造与创新能力,能够撰写阶段性成果	课题研究与行动改进	会选题、能够概括出研究问题,以创新的方式进行问题的解决
			课题研究;学术表达(写作)	课题研究的关键环节及其注意事项;能够撰写教育案例、研究论文、课题申报书、研究报告等
		分析评价能力	学术表达(口头)	会点评(课题、论文、研究课等)、能围绕研究内容展开研讨交流、与他人分享成果
		组织协调能力成果提炼能力	课题领导力;成果提炼	具备课题负责人所需能力,能够根据课题材料,理性思考,提炼成果

(三)教师专业发展需要提升教师"听说读写"四项科研基本技能

1. 听——专家报告、专家培训和观摩研究课

第二届种子教师研修期间共计 27 位专家为种子教师进行了各自领域的
告和课程培训,拓宽了种子教师的视野,更重要的是,种子教师通过
"的学习,提炼出有启发作用的关键信息,并把专家报告的最新研究成
教育理念等总结梳理成自己在教育教学中的方法策略,内化为自己的知

识，形成新知识和自己的教育主张。"听"是种子教师积极主动获取知识、不断学习积累的一门重要课程。

2. 说——种子教师的口头学术表达

在种子教师集中学习研讨的过程中，强调人人参与"研讨"，通过体验式的研讨交流展示，更多地让教师积极参与其中，通过相互影响、加深了解、得到启发、清晰表达，把分享的内容内化成自己的新经验，从而避免单纯地听和被动地接受。如何在形式和学习环境上去创设，达到人人参与研讨？种子教师研究项目组提炼出如下两个策略。

首先，要敢说。片区负责人在课程设计上从"说"的外部环境到"说"的手段方式都有所考虑，比如小组头脑风暴、小组研讨内容图示化、小组汇报人轮流当等，让种子教师敢"说"和必须"说"。

其次，怎么说。每次的片区集中研修学习，在教师研讨后，有一个展示环节，汇报人要将小组研讨的成果汇报给现场的教师，说的内容就是本次学习内容的关键要素。也就是说种子教师说的是有规律性、方法策略的"教育普通话"，而不是"学科方言"，从学科的角度脱离出来，谈教育理解，审视教育。比如，2018年片区论坛，其主题为"科研型教师的必备素养：书面表达"，小组汇报交流的内容就是"写好论文的关键要素"。

3. 读——种子教师的科研阅读

组织种子教师的阅读活动，共读一本书并与专家对话，使种子教师掌握阅读的方法，解决阅读中的困惑，体会读书之乐，提升种子教师阅读水平，在阅读中增长教育智慧，感悟教育真谛，促进专业发展。

4. 写——种子教师的书面表达

写，在本质上是一种表达，种子教师需要把缄默的知识清晰地表达出来，通过写作，厘清思维，积累成果，让自己的思考和研究成果成为一种公共知识，被人们知道并学习。种子教师研究项目组多次开展例如"如何申报课题和论文撰写"等主题的研修活动，提升种子教师"写"的能力。一年一度种子教师论坛的论文征集更是对种子教师论文撰写的一种要求和锻炼。

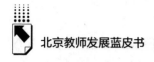

（四）教师专业发展需要以评价引导教师自主研修

通过十多次片区集中研修，种子教师还不能完全实现向研究型教师的转变，集中研修活动只是一种引导，一种方法、思想上的引导，种子教师需要在平时的自主研修中去有意识地积累，依靠自己或者在他人的帮助下，逐步增强问题意识，主动诊断自身的学习需求，规划学习目标，选择和使用恰当的学习策略，获得自主发展，并将集中学习研讨内容应用到平时的教育教学实践中，逐步成长为研究型教师。

种子教师研修评价分合格和优秀，达到研修规定学分即为合格，之后根据《海淀区科研种子教师自评量化表》进行自评，片区负责人根据种子教师自评材料进行核实认定，产生优秀种子教师。通过这种评价，引导种子教师从"被培训者"向"自主研修者"转变，成为自主的、扎根实践的、解决问题的教师。种子教师研修成为教师日常教育教学与教育科研课题研究之间的桥梁，有助于教师专业成长。

六　区域教师专业发展的实践反思

（一）提升教师专业发展需要发挥区县基层教科院的作用

海淀区教育科学研究院为种子教师研究项目提供了必要的政策、经费、课程研发、课程师资等保障支持，专业教育科研人员是种子教师科研活动的组织者，为参与科研的种子教师创设有意义的、有价值的、有获得感的学习课程，成为教师学习的促进者，发挥了思想引领和统筹规划的作用，为种子教师提供思想和资源支持，协助组织好各项研修活动，并及时总结、宣传教育研究成果，提供专家资源，对有价值、有意义课题研究进行"1+1跟进指导"。种子教师在项目的研修中，也能够不断感受到教育科学研究院的保障支持，珍惜教育科学研究院提供的平台和机会，不断反思，不断探究，不断进取，使自己成为具有可持续发展素养、能够主动适应社会发展需要的研究型教师。

（二）提升教师专业发展离不开专家教师的带领

香港中文大学尹弘飚教授认为，在学校情境中，专家教师是理想的教师学习领导者，专家教师始终以解决教学中的实际问题为行动目标。种子教师项目八位片区负责人就是专家教师，他们也是项目能够顺利开展的最核心力量，作为种子教师研究项目片区活动的策划者和组织者，是种子教师研究的引路人，片区负责人引路人价值和地位的认同和肯定，对项目的发展起到至关重要的作用。第二届种子教师（172 人）问卷调查结果显示，种子教师对片区负责人的态度、能力和素养等方面的满意度达到了 100%（见表 9），其中非常满意为 83.72%，种子教师对片区负责人的付出和努力给予了充分肯定，肯定了片区负责人作为种子教师研究引路人的价值和地位。

表 9 种子教师对本片区负责人的态度、能力和素养等方面的满意情况

单位：人，%

选项	小计	占比
非常满意	144	83.72
比较满意	16	9.30
满意	12	6.98
不满意	0	0.00
本题有效填写人数	172	

（三）提升教师专业发展离不开教师自我效能的提高

自我效能是个体对自己拥有成功完成某一特定任务能力的一种确切信念，它能够影响个体的任务选择、努力程度以及坚持性。自我效能信念决定了个体为自己设定什么样的目标、付出多大的努力、在面临困难时坚持多久以及遇到失败后的恢复能力。自我效能的提高，有利于教师能力需要的满足，增强教师专业自信。

第二届种子教师 201 人（最终结业 176 人），其中"90 后"46 人，占 22.9%；"70 后"4 人，占 2.0%；"80 后"151 人，占 75.1%。种子教师研究项目着重关注"80 后"教师的特性，并根据其特性，制定促进其专业发展的策略。与"70 后""60 后"相比，"80 后"教师大多有着相对优越的生活条件和教育背景。"80 后"成长中较少经历磨难和挫折，他们喜欢为自己设计未来，会遵从自己内心的愿望，性格也会活泼、开朗，乐观自信，个性张扬，表现欲强，乐于接受新事物，观念开放，视野开阔，喜欢从多个角度去思考问题，有创新意识。[①] 他们容易接受新观念，积极参与各种工作访谈和学术讨论会。他们把工作看作挑战，并渴望提升自己各方面的技能。[②] 中国人民大学俞国良教授对某大学 304 名教师进行测试发现，35~40 岁是教师趋向成功的动机上升阶段。这个时候的教师积极进取，提高自己业务水平和工作能力的愿望更加强烈。种子教师研究项目聚焦教龄在 10~15 年、整体处在趋向成功的动机上升阶段的"80 后"教师群体，根据"80 后"的特性，利用动机自我决定理论设计项目进程推进思路，激发种子教师的内在动力，促使种子教师实现自我主动发展。

（四）提升教师专业发展强调教师参与体验的基本原则

以参与体验为研修活动的设计原则，使种子教师能够真正参与到研修中，以科研的方式创新种子教师研修模式，是种子教师研修活动推进的根本。种子教师研究项目强调突破以往培训或研修活动中的薄弱环节——研讨，"人人都是智慧的贡献者"这一点在种子教师研修活动中获得了共识，项目组以"参与体验"为研修活动的设计原则。通过对第二届种子教师的调查可以发现，小组内参与分享交流发言 4 次及以上的有 118 人，占 68.6%（见表 10），基本上形成了在活动中"我一定要发言"的认识，种子教师通

---

① 安宁：《"80 后"教师的群体特征和专业素质培养》，《哈尔滨职业技术学院学报》2013 年第 1 期。

② 刘海波：《"80 后"青年教师职业素质现状、问题与培养策略研究》，硕士学位论文，哈尔滨师范大学，2009。

过发言参与其中，既得到了启发，又把自己的成功经验分享给其他人，从而得到外界的认可和重视，产生强烈的满足感和成就感，从而促使其不断学习，达到进行有意义学习的过程，避免了单纯地听和被动地接受。同时，引导种子教师以学习者的身份去关注同伴的实践经验，反思自身的实践，在交流学习过程中共同建构、生成新的专业资源。

表 10　种子教师在片区集中活动中小组内参与分享交流的情况

单位：人，%

选项	小计	占比
无	8	4.65
1 次	13	7.56
2 次	17	9.88
3 次	16	9.30
4 次及以上	118	68.60
本题有效填写人数	172	

（五）提升教师专业发展需要采用学习共同体的学习模式

种子教师群体跨学科、跨学段、跨学校，学科背景、研究经验不同，但对教育科研的热爱和投入是群体的趋同，种子教师研修以项目方式推进，采用一种共同体的学习模式，即种子教师之间通过互相沟通、共享经验、合作探究等方式不断反思与改进教育教学实践。这种共同体学习模式，能使教师在当今纷繁复杂的教育情境中获得强大的专业支持，帮助其承担风险。当人们感觉到一个团队能让他感受到自主、感知到自己能力、激发自己的潜力时，他就会感觉到被尊重和信任，归属感提高，从而乐意为群体的利益和目标的实现而努力。从某种程度上来说，归属感是个体接受他人信念或价值、实现动机内化的必要条件。种子教师团队是海淀区目前涉及面最广的一支教师研究团队。

共同体集中研修学习活动主题的设计要适合团队。种子教师片区集中研修学习每次都有非常明确的主题，根据种子教师群体的特性，主题设计比较宏观，不同学科、不同学段教师都可以参与学习研讨，主题设计一般结合形势和教育改革的一些热点问题，即当时学校关注和亟须研究、解决的问题，在片区集中学习中，教师开始关注教育的实践，通过研讨相互启发，开展行动研究。

以共同体的学习模式推进种子教师项目，需要关注每一位种子教师的成长，见森林，更见树木，关注种子教师个体成长，并将其成长历程以文字形式呈现出来。"海教思维"（海淀区教育科学研究院与《现代教育报》联合推出的微信公众号）发表了多位种子教师在项目中的成长故事，同时也激励了其他种子教师。

（六）提升教师专业发展需要教师结交志同道合的学习伙伴

种子教师在项目学习过程中，结交了志同道合的学习伙伴，在研究路上结伴而行，成为自主学习的一种典范。北京市十一学校龙樾实验中学种子教师林亚在一次片区研修活动中，与对跨学科教学感兴趣的教师一起，通过建"跨学科教学交流群"的方式，组成了一个跨学科、跨学校、跨学段的在线学术联盟，林老师与学习伙伴们一起参与研讨了"三峡大坝""酒精的学问"等主题教学，在此基础上立项了市级课题，部分学习伙伴成为课题组成员，之后提炼形成了基于跨学科的成果——11个学习主题（课例），所有课例已付诸教学实践，并受到学生较高的评价。北京市建华实验学校种子教师鲁海洁、中国人民大学附属中学翠微学校种子教师李珊和北京市育英学校种子教师苏杨基于对整本书教学的思考，结成学习伙伴，成功立项了"十三五"区级重点课题。在片区集中研修"如何撰写开题报告与课堂落地图景"主题活动中，三位教师围绕《怦然心动》学习内容，向片区种子教师展示了在整本书阅读教学中，采用不同教学策略提升小初高学生思维品质的科研成果研究课，使现场种子教师得到很大的启发。

（七）提升教师专业发展需要激发教师的发展动力

教师既是专业发展的对象，又是自身发展的主人，他们发展的程度更多地取决于其内在发展动力，教育使命是教师发展最深层次的动力，种子教师项目强调以"教育使命"激发教师深层发展动力，在研修中通过主题设计、参与体验，使种子教师认识到自己肩负的教育使命，顺应教育改革的趋势，坚定其教育信念，引导种子教师主动追求自我发展。种子教师研究项目论坛征文以"成长"为主题，让种子教师通过讲述自己在研修中的成长故事，理解教育，发现与重识自己的职业生活，修正或强化自己的教育观，传递对教育使命的坚持和教育理想信念的坚守，使其心灵世界得到丰富和充实。从而进行动机的自我调节，促进其自身专业发展意识的觉醒。

B.9
中小学教师科研素养研究报告
——基于北京市东城区的研究

沈兴文　辛竹叶　苏　谦*

摘　要：　随着新时代教育教学变革的深入推进，中小学教师的科研素养在教师专业发展和教育教学改进方面起到越来越重要的作用。为促进教师科研素养能力提升策略的精准性，科学评估教师科研素养，通过编制中小学教师科研素养问卷，对北京市东城区中学、小学、幼儿园、特殊教育学校、职业与成人教育学校及校外机构六类 140 个单位教师进行分层分类抽样，调研北京市东城区 1016 名中小学教师的科研素养。结果显示，当前中小学教师在科研素养包含的意识、精神、知识、能力四个方面存在差异，其中科研精神得分最高、科研能力得分最低，科研素养在不同性别、教龄、学历等教师群体中存在差异。基于科研素养调研结果，本报告建议从增强科研价值认同、补齐科研素养短板、加大科研支持力度三个方面提升中小学教师科研素养。

关键词：　科研素养　教育科研　教师专业发展　中小学教师

一　研究背景

2019 年，教育部发布的《关于加强新时代教育科学研究工作的意见》明确提出，教育科学研究对教育改革发展具有重要的支撑、驱动和引领作

---

*　沈兴文，东城区教育科学研究院科研管理部主任，高级教师，研究方向为教育科研、教师发展；辛竹叶，东城区教育科学研究院教育发展研究部主任，一级教师，研究方向为教育科研、教师发展；苏谦，北京光明小学一级教师，研究方向为教育科研、教师发展。

用。要充分发挥地方和学校在教育科研中的实践主体作用，鼓励支持中小学教师增强科研意识，积极参与教育教学研究活动，不断深化对教育教学改革的规律性认识。而早在 2012 年，教育部下发的《小学教师专业标准（试行）》和《中学教师专业标准（试行）》就强调了教师要针对教育教学工作中的现实需要与问题进行探索和研究。以上文件明确提出的鼓励教师用研究探索和解决现实教学问题，成为教育科学研究工作和教师专业发展的重要命题。此外，"十三五"以来，教育领域面对历史性、系统性变革，中小学教师作为新时代教育的探索者、实践者，需要对教育的理念、课程的实施、教学的方式等问题进行重构性的思考，以便更深刻地理解新政策的重大意义、新理念的核心要义，从而更好地推进教育教学实践的改进。开展教育科学研究是教师实现上述改革要义的重要途径。

中小学教师是中小学教育科研的第一主体，中小学教师科研素养的提升是新时代教科研工作质量提升的关键。长期以来，中小学教师在科研观念、知识、能力与行动上的短板导致了中小学课题研究工作存在选题重复、方法运用不恰当、研究结论空洞、成果应用率低等问题。

因此，从教育教学改革需求、教育科研发展两个角度出发，科学系统地提升中小学教师科研素养，整体提升区域内教育科研工作的水平与质量，都是迫切而重要的工作任务。本报告结合中小学教师科研实践的实际情况，通过问卷调查了中小学教师在科研意识、科研精神、科研知识、科研能力四个方面的现状，并对科研素养的提升提出对策建议。

二 研究框架与指标

（一）指标依据

1997 年，经济合作与发展组织（OECD）在其"素养的界定与遴选：理论和概念基础"研究项目中采用"competence"一词来表述 21 世纪个体应具备的素养，明确指出素养的内涵涉及知识、技能与态度的组合。在结构或成分方面，国际上有不少研究把素养确立为 ASK 模型，分别指代素养中的知识（Knowledge，K）、技能（Skills，S）和态度（Attitudes，A）等成分。① 就知识、技能和态度这三者的关系而言，Stein 等提出的 $C = （K+S）A$ 的公式，表明素养（Competence，C）是由知识、技能与态度等多种成分所组成的统一整体，且态度在其中起着至关重要的作用。②

基于 ASK 模型，关于教师科研素养的要素，学者们主要有三要素说、四要素说、五要素说三类。结合中小学教师群体的特点，董文科认为中小学教师的科研素养主要包含思想素养、学理素养、成果转化素养三方面③；杨丽认为包含认知领域的专业知识、专业能力和非认知领域的专业品质、专业精神四大要素④；陈文娇和俞文认为包含科研观念、问题意识、科研能力、科研精神，强调科研素养中的问题意识⑤。也有学者将科研素养分为研究的意识、理论素养、研究的知识与技能、研究的实践经验、研究的情感体验五部分，强调了理论素养与实践经验在科研素养中的重要性。⑥

（二）指标内容

本报告将中小学教师科研素养的四个维度，即教师科研意识、教师科研精神、教师科研知识、教师科研能力，作为量表问卷的一级指标。四项一级指标的指标描述内容如下。科研意识维度的考量，主要包括教师崇尚科学研究，并认同用科学原理和科学方法来解释和处理日常遇到的教育教学问题；认识到科学研究对教育教学发展有作用；认识到科学研究对教师专业发展有

① Roberts，M. C.，Borden，K. A.，Christiansen，M.，& Lopez，S.，"Toward a Culture of Competence：Assessment of Competence in the Education and Careers of Professional Psychologists," *Professional Psychology：Research and Practice* 2005（4）.

② 师保国：《教师的创新素养：意义、内涵及其提升》，《人民教育》2018 年第 Z2 期。

③ 董文科：《中小学教师科研素养的内涵与提升策略》，《教育科学论坛》2020 年第 1 期。

④ 杨丽：《中小学教师科研素养存在的主要问题及对策研究》，硕士学位论文，东北师范大学，2006。

⑤ 陈文娇、俞文：《教师科研素养的结构解析与实证检验——基于武汉市 2746 名中小学、幼儿园教师的调查》，《教育研究与实验》2019 年第 4 期。

⑥ 辉进宇、褚远辉：《中小学教师教育科研素质的结构及培养》，《教育理论与实践》2015 年第 8 期。

作用。科研精神主要包括善于在思考中批判、质疑，愿意探寻教育教学实践发展变化的真实规律，并在实践中开展切实可行的研究，敢于创新；遵循科研诚信与学术道德，具有科研意志与信念，敢于冒险与探索。科研知识主要包括对国家及教育政策知识、教育理论知识、学科知识、科研方法知识的概念、原理、内容等的了解与掌握。科研能力主要包括具有研发生成的能力、具有运用科学研究知识和方法开展研究的能力以及具有进行科学研究成果提炼与转化推广的能力。

分级指标包括4项一级指标、11项二级指标和26项三级指标，并召集10位具有丰富科研经验的中小学校科研负责人进行研讨修订。根据研讨结果修正2项三级指标内容，删减1项三级指标，最终形成25项三级指标。同时征询4位区级科研员和6位学校科研负责人的建议，进一步完善了问卷内容，并使得问卷项目表述更贴近教师的用语习惯，修改因语句问题造成的理解歧义。采用德尔菲法，经过3轮建议，最终得到65道题。这65道题均采用李克特7点计分（1＝完全不同意，7＝完全同意）。因问卷题目较多，为确保填答者认真作答，量表中加入5道注意力检测题，如"遇到此题，请选择'比较同意'选项"。如未通过注意力检测，则该问卷无效。

（三）指标预测与分析

为了考察测验结构及项目的合理性，我们对其进行了初测。通过网络平台问卷星共发放112份问卷，所有填写者均通过注意力检测，因此有效率为100%。最后的被试是112人（男性33人），其中，幼儿园教师占比为30.4%，小学教师占比为46.4%，中学教师占比为23.2%；非骨干教师占比为42.9%，校级骨干占比为8.9%，区级以上骨干教师占比为48.2%。初测对于量表结构与题项的修正起到重要作用。在项目分析，删除区分度不佳、载荷过低题项的基础上，量表最终形成，具体分析过程如下。

1. 项目分析

分别以科研意识、科研精神、科研知识、科研能力四个分测验各自总分最高和最低的被试为高分组和低分组，探讨两组被试在每题得分上的平均数差异，结果如下。对于科研意识分测验，其中有两题，两组之间没有存在显著差异（$p>0.37$），因此删除；其他题项，两组之间均存在显著差异（$p<0.05$）。对于科研精神分测验，有一题，两组之间没有存在显著差异（$p>0.46$），其他题项，两组之间均存在显著差异（$p<0.001$）。对于科研知识分测验，所有题项，两组之间均存在显著差异（$p<0.001$）。对于科研能力分测验，所有题项，两组之间均存在显著差异（$p<0.001$）。这说明剩余的题项均具有良好的区分度。随后依据各分测验的因素分析结果对题项进行删减。

2. 科研意识的探索性因素分析

用 SPSS 22.0 对科研意识进行探索性因素分析。对科研意识进行 KMO 值检测，结果发现 KMO 值为 0.931，大于立项标准值 0.9。对其进行 Bartlett 球形检验，结果显示 χ^2 值为 9096.200，自由度为 36，显著性 $p<0.001$，达到显著水平，说明科研意识分测验达到探索性因素分析的要求。

采用主成分分析法抽取因子，得到初始因子载荷矩阵，再通过方差极大正交旋转得到旋转因子载荷矩阵（本报告的探索性因素分析都采用这种方法，下文不重复说明）。结果显示可得到 2 个特征根大于 1 的因素，其累计方差贡献率为 70.69%。一题载荷过低，因此将其删除。一题与测验编制时的设计结构不一致，因此将其删除。

然后，对剩余的 9 题再次进行因素分析，得到了 2 个特征根大于 1 的因素，其累计方差贡献率为 78.43%。根据题目的内容，将 2 个因素命名为对科研价值与意义的理解和对自己作为教育教学实践研究者的理解，其中对科研价值与意义的理解包括初始测验中的 7 题，对自己作为教育教学实践研究者的理解包括初始测验中的 2 题。根据本次因素分析结果，明确了科研意识的因素结构为对科研价值与意义的理解和对自己作为教育教学实践研究者的理解 2 个因素，共计 9 题。

3. 科研精神的探索性因素分析

用 SPSS 22.0 对科研精神进行探索性因素分析。对科研精神进行 KMO 值检测，结果发现 KMO 值为 0.966，大于立项标准值 0.9。对其进行 Bartlett 球形检验，结果显示 χ^2 值为 23443.928，自由度为 120，显著性 $p<0.001$，

达到显著水平，说明科研精神分测验达到探索性因素分析的要求。

初次因素分析得到 3 个特征根大于 1 的因素，累计方差贡献率为 78.66%。根据因素载荷矩阵可知，初次的探索性因素分析得出的 3 个因素与测验编制时设计的结构并不完全一致。其中，3 题载荷过低，因此删除。第三个因素只包含 3 道反向计分题，因此将其删除。根据项目载荷，再删除在 2 个因素上载荷量"同时"较高的 1 道题目。

对剩余的 16 题再次进行因素分析，抽取出 2 个特征根大于 1 的因素，累计方差贡献率为 83.29%。由因素载荷矩阵可以看出第一个因素包括 11 题，命名为对科学研究工作自身特质的理解，第二个因素包括 5 题，命名为对科学研究工作中人文精神的理解。

4. 科研知识的探索性因素分析

用 SPSS 22.0 对科研知识进行探索性因素分析。对科研知识进行 KMO 值检测，结果发现 KMO 值为 0.939，大于立项标准值 0.9。对其进行 Bartlett 球形检验，结果显示 x^2 值为 18102.333，自由度为 66，显著性 $p < 0.001$，达到显著水平，说明科研知识分测验达到探索性因素分析的要求。

初次因素分析得到 2 个特征根大于 1 的因素，累计方差贡献率为 86.78%。根据项目载荷，再删除在 2 个因素上载荷量"同时"较高的 1 道题目。对剩余的 12 题再次进行因素分析，抽取出 2 个特征根大于 1 的因素，累计方差贡献率为 88.23%。由因素载荷矩阵可以看出第一个因素包括 8 题，命名为国家及教育政策、教育理论和学科知识的掌握；第二个因素包括 4 题，命名为科研方法知识的掌握。

5. 科研能力的探索性因素分析

用 SPSS 22.0 对科研能力进行探索性因素分析。对科研能力进行 KMO 值检测，结果发现 KMO 值为 0.978，大于立项标准值 0.9。对其进行 Bartlett 球形检验，结果显示 x^2 值为 43740.264，自由度为 378，显著性 $p < 0.001$，达到显著水平，说明科研能力分测验达到探索性因素分析的要求。

初次因素分析得到 3 个特征根大于 1 的因素，累计方差贡献率为 79.73%。根据项目载荷，删除在 3 个因素上载荷"同时"较高的 7 道题目。

对剩余的 28 题再次进行因素分析,抽取出 3 个特征根大于 1 的因素,累计方差贡献率为 80.44%。由因素载荷矩阵可以看出第一个因素包括 5 题,命名为研发生成能力;第二个因素包括 19 题,命名为执行实施能力;第三个因素包括 4 题,命名为成果检验能力。通过检验分析,共删除 21 道题,最终形成了 4 个维度 9 个因子 65 个题项的正式量表(见表 1)。

表 1 中小学教师教育科研素养量表的测量题项

单位:个

维度	因子	题目数
科研意识	对科研价值与意义的理解	7
	对自己作为教育教学实践研究者的理解	2
科研精神	对科学研究工作自身特质的理解	11
	对科学研究工作中人文精神的理解	5
科研知识	国家及教育政策、教育理论和学科知识的掌握	8
	科研方法知识的掌握	4
科研能力	研发生成能力	5
	执行实施能力	19
	成果检验能力	4

三 研究设计

(一)研究对象

对区域内中学、小学、幼儿园、特殊教育学校、职业与成人教育学校及校外机构六类近 140 所单位的教师进行分层分类抽样,覆盖不同性别、职务、职称、学历、工作年限、骨干类型。每所学校教师填写约 10 份问卷,共回收 1347 份问卷。其中,因作答不认真,未通过注意检测题检测的为 331 份问卷。最后有效问卷 1016 份,有效率为 75%。研究对象基本情况如表 2 所示。

表2　研究对象基本情况一览（N = 1016）

单位：%

项目		占比	项目		占比	项目		占比	项目	占比
性别	男	82.85	工作年限	1~5年	20.49	职称	未定级	7.35	非骨干	54.57
	女	17.15		6~10年	19.23		初级	27.17	校级骨干	9.87
学历	大专及以下	2.90		11~15年	16.85		中级	39.5	区级骨干	25.17
	本科	76.91		16~20年	11.28		高级	25.46	区级学科带头人	6.90
	硕士研究生	19.15		21~30年	22.27		正高级	0.52	市级骨干	2.75
	博士研究生	1.04		30年以上	9.88				市级学科带头人	0.74

（二）研究工具

基于国内外有关科研素养文献的梳理，本报告的中小学教师科研素养包含科研意识、精神、知识、能力四维度。经过探索性因素及结构效度检验，问卷最终形成4个维度9个因子65道题目。

每个题目采用李克特7点计分（1 = 完全不同意，7 = 完全同意）。对相应题目相加分别得到科研素养（α = 0.99）、科研意识（α = 0.94）、科研精神（α = 0.98）、科研知识（α = 0.97）、科研能力（α = 0.99）。结构方程模型结果（见表3）显示四个维度的结构效度拟合良好。在量表基础上，问卷还增加了人口学信息、学校科研氛围、个人科研成就、教育教学能力与行为等方面题目。

表3　科研素养四个分测验验证性因素分析模型整体拟合指数

维度	χ^2	df	CFI	TLI	SRMR	RMSEA
科研意识	215.94	24	0.98	0.97	0.018	0.089
科研精神	2090.70	99	0.92	0.90	0.040	0.141
科研知识	521.16	49	0.97	0.97	0.022	0.097
科研能力	2743.48	335	0.95	0.94	0.033	0.084

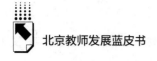

四　研究结果与分析

（一）中小学教师科研素养的总体特征

中小学教师科研素养的调查得分均值在 5.5 分以上，其中，教师科研精神得分最高（M=6.07），科研能力得分最低（M=5.52）。

1. 科研意识

科研意识得分较高的 2 个题项为"教育科研有助于教师从教学执行者向教学研究者转型""通过教育教学研究中小学教师可以提炼自己的'实践性知识'，成为反思性实践者"，得分最低的为"与专门教育研究人员相比，中小学教师从事教育研究的根本意义和价值取向不同"。

另一项得分较低的题项是"中小学教师做科研能够促进教育教学中面临的真实问题的解决"由此可见，中小学教师对科研促进教师专业发展的作用比较认同，但对于科研解决真实问题的价值认同较低，同时，对于中小学教师从事研究与专门教育研究人员从事研究的意义与价值的区别有待进一步清晰。

2. 科研精神

科研精神得分较高的 3 个题项为"在进行教育科研过程中，抄袭是违反科研诚信的行为""在撰写论文或研究报告时，若引用他人文献中的资料、成果和观点，我一定会在参考文献中标注""在教育科研中要用证据说话，不能主观臆断"。得分较低的 2 个题项为"在数据分析或借鉴理论、总结经验基础上进行理性思考后，我才会对教学实践问题进行分析并开展实践""我会借助查找文献资料、与他人研讨等方式去尝试解读学生发展规律及发现教学规律"。综上，中小学教师用科学的思维和方法探求教育教学规律的精神及对教育教学理论或实践创新的精神还有待提高，但科研诚信与学术道德普遍认识较好。综上，中小学教师用科学的思维和方法探求教育教学规律的精神及对教育教学理论或实践创新的精神还有待提高，但科研诚信与学术道德普遍认识较好。

3. 科研知识

科研知识得分较高的 2 个题项为"我了解我所教学科的学科课程知识""我了解我所教学科的学科教学设计与策略知识",得分较低的 4 个题项为"我知道行动研究的基本方法知识""我知道案例研究的基本方法知识""我知道课堂观察法的基本方法知识""我知道问卷调查法的基本方法知识"。因此,中小学教师认为自身对教育学基本理论知识、学科知识、科研方法知识这三类知识掌握较好,对教育学等基础理论的掌握次之,对科研方法知识的掌握最差。

4. 科研能力

科研能力得分较高的题项为"我知道查找文献的常用平台""我知道如何使用和变化关键词找到相关主题的文献""在查找文献时,我能够找到有代表性和最新的文献"。得分较低的是"我能够将研究成果发表在媒体或杂志上""我能够把研究成果向其他学校进行推广""我能够运用 EXCEL 或 SPSS 对研究过程中收集到的量化数据进行分析"。

本报告将依据教师开展科研实践的不同环节,将科研能力划分为 3 个层面,即研发生成能力、执行实施能力、成果提炼与检验能力。从得分情况来看,教师认为自身文献等较为基础的能力最强,而在成果提炼与检验方面,如文章发表、推广等能力较为薄弱。另外,教师对 SPSS、NVIVO 等软件的运用能力得分也较低。因此,教师科研能力是科研素养中得分最低的维度(见表 4),而具体到科研实践的不同阶段,教师在研究的执行实施和成果提炼与检验两方面的能力是较为薄弱的。

表 4　中小学教师科研素养整体情况

维度	均值(M)	标准差(SD)	排序
科研意识	5.6647	1.03	3
科研精神	6.0749	0.77	1
科研知识	5.9418	0.86	2
科研能力	5.5164	0.98	4

（二）中小学教师素养的群体差异分析

1. 中小学教师科研素养的性别差异

为探究中小学教师科研素养的性别差异，本报告对研究数据进行了独立样本 t 检验，数据显示：在科研意识、科研精神、科研知识方面，女性教师显著高于男性教师（$p < 0.05$）；在科研能力上不存在显著性别差异（见表5）。

女性教师的科研意识、科研精神、科研知识高于男性教师，女性教师与男性教师的科研能力并不存在显著差异。

表5 中小学教师科研素养的性别差异

维度	男（M/SD）	女（M/SD）	t	p
科研意识	5.52/1.16	5.69/1.01	-1.99	0.03
科研精神	5.87/1.12	6.11/0.80	-3.20	0.00
科研知识	5.83/1.02	5.96/0.84	-1.73	0.04
科研能力	5.47/1.10	5.54/0.96	-0.63	0.10

2. 中小学教师科研素养的教龄差异

采用单因素方差分析法分析不同教龄教师的科研素养，结果显示：不同教龄教师的科研意识、科研知识方面不存在显著差异。在科研能力方面，1~5年教龄教师显著高于30年以上教龄教师（$p = 0.01$）；6~10年教龄教师显著高于30年以上教龄教师（$p = 0.01$）。在科研精神方面，1~5年教龄教师显著高于16~20年教龄教师（$p = 0.007$）、21~30年教龄教师（$p = 0.02$）、30年以上教龄教师（$p = 0.02$）。

另外，虽然不同教龄的教师群体不存在显著差异，但从均值得分情况来看，不同教龄群体的教师存在一定差距，其中1~5年教龄教师和6~10年教龄教师在科研素养4个维度的均值得分普遍高于10年以上教龄的教师。另外，16~20年教龄教师在科研精神维度均值最低，30年以上教龄教师在科研知识、科研能力2个维度的均值最低（见表6）。

表 6 中小学教师科研素养在不同教龄群体中的均值/标准差

维度	1~5 年	6~10 年	11~15 年	16~20 年	21~30 年	30 年以上
科研意识	5.74/1.07	5.72/1.00	5.71/1.04	5.53/0.91	5.64/1.09	5.51/1.07
科研精神	6.19/0.86	6.15/0.82	6.09/0.87	5.64/1.09	6.01/0.89	5.94/0.88
科研知识	5.99/0.93	5.98/0.79	5.97/0.90	5.89/0.82	5.91/0.87	5.80/0.88
科研能力	5.66/1.01	5.65/0.95	5.55/0.99	5.39/0.91	5.40/0.98	5.23/1.04

3. 中小学教师科研素养的学历差异

独立样本 t 检验结果显示，在科研意识方面，硕士及以上学历教师的科研意识显著高于本科及以下学历教师（$p=0.01$）。在科研精神、科研知识方面，不同学历教师不存在显著差异。在科研能力方面，硕士及以上学历教师显著高于本科及以下学历教师（$p=0.001$）（见表 7）。

另外，虽然在科研精神、科研知识方面硕士及以上学历教师与本科及以下学历教师不存在显著差异，但从均值得分来看，硕士及以上学历教师的科研意识、科研精神、科研知识、科研能力均高于本科及以下学历教师群体。

表 7 中小学教师科研素养在不同学历群体中的差异情况

维度	本科及以下（M/SD）	硕士及以上（M/SD）	p
科研意识	5.63/1.07	5.81/0.88	0.01
科研精神	6.06/0.89	6.12/0.75	0.38
科研知识	5.94/0.89	5.95/0.78	0.89
科研能力	5.47/1.00	5.71/0.91	0.001

4. 中小学教师科研素养的骨干类型差异

单因素方差分析发现，在科研意识方面，不同骨干类型教师的科研意识不存在显著差异，在科研精神方面，区级骨干的科研精神显著高于非骨干教师（$p=0.08$），其他类型教师不存在显著差异。在科研知识方面，校级骨干教师的科研知识显著高于非骨干教师（$p<0.05$）。在科研能力方面，不同骨干类型教师的科研能力不存在显著差异。

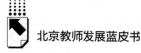

但从不同骨干教师的均值得分来看，骨干教师科研素养得分普遍高于非骨干教师（见表8）。骨干教师级别越高，科研意识、科研精神、科研知识、科研能力总体上越强。在科研精神方面，区级骨干教师显著高于非骨干教师，科研知识，校级骨干教师显著高于非骨干教师。其他类型骨干教师的科研意识、科研精神、科研知识和科研能力不存在显著差异。骨干教师的科研素养有待进一步提升。

表8　中小学教师科研素养在不同骨干类型教师群体中的差异

维度	非骨干教师	校级骨干	区级骨干	区级学科带头人	市级骨干	市级学科带头人
科研意识	5.58/1.09	5.70/0.87	5.74/1.02	5.90/0.93	5.96/0.84	6.31/0.62
科研精神	5.99/0.94	6.13/0.76	6.17/0.74	6.16/0.82	6.39/0.66	6.58/0.36
科研知识	5.85/0.93	6.14/0.72	6.00/0.80	6.06/0.82	6.18/0.58	6.29/0.40
科研能力	5.42/1.03	5.62/0.96	5.59/0.95	5.66/0.86	5.91/0.74	5.92/0.62

注：数值分别为均值和标准差。

5. 中小学教师科研素养的职称差异

单因素方差分析发现，在科研意识、科研精神、科研知识、科研能力方面，不同职称教师不存在显著差异。从均值得分来看，正高级教师科研意识、科研精神和科研能力均值最高（见表9）。

表9　中小学教师科研素养在不同职称类型教师群体中的差异

维度	初级及以下	中级	高级	正高级
科研意识	5.67/1.10	5.65/1.03	5.68/0.96	6.73/0.42
科研精神	6.11/0.92	6.02/0.87	6.08/0.75	6.76/0.23
科研知识	5.94/0.92	5.95/0.88	5.93/0.77	5.94/0.87
科研能力	5.55/1.03	5.52/1.01	5.44/0.87	6.21/0.69

注：数值分别为均值和标准差。

（三）中小学教师科研素养的影响因素

将科研素养的影响因素分为科研管理、经费支持、信息资源、科研培训和时间投入五大方面。我们可以看到，对科研素养及科研素养四维度来说，有正向预测力的因素是：课题研究经费支持、科研讲座和时间投入、期刊阅读。科研管理对科研素养、科研精神、科研能力均具有正向预测力。课题研究奖励对科研素养、科研知识和科研能力具有正向预测力。中国知网账号只对科研能力具有正向预测力（见表10）。

表10　中小学教师科研素养的影响因素

		科研素养	科研意识	科研精神	科研知识	科研能力
科研管理	是否有教科研部门	0.06 *	0.04	0.06 +	0.05	0.06 *
经费支持	课题研究奖励	0.09 *	0.06	0.06	0.09 *	0.10 *
	论文发表奖励	−0.02	−0.01	0.02	−0.01	−0.07
	课题研究经费支持	0.10 **	0.12 **	0.08 *	0.06 *	0.07 *
信息资源	中国知网账号	0.03	0.03	−0.02	0.01	0.08 **
	专著阅读	−0.01	−0.08 *	0.00	0.02	0.01
	期刊阅读	0.23 ***	0.21 ***	0.21 ***	0.19 ***	0.20 ***
科研培训	专家指导	0.01	0.06	−0.01	−0.05	0.01
	科研讲座	0.14 ***	0.09 *	0.15 ***	0.16 ***	0.10 *
	培训次数	0.01	0.02	0.02	0.04	−0.04
时间投入	时间投入	0.12 ***	0.08 *	0.09 **	0.10 **	0.16 ***

注：这里呈现的数值是回归方程的标准化系数，可以通过标准化系统比较各个变量的相对重要性。^{+}p，边缘显著；$^{*}p<0.05$，$^{**}p<0.01$，$^{***}p<0.001$。

从以上数据结果可以看出，对于科研素养，预测力最强的是期刊阅读，其次是科研讲座和时间投入，最后是课题研究经费支持。对于科研意识提升，预测力最强的是期刊阅读，其次是课题研究经费支持，最后是科研讲座和时间投入。对于提升科研精神、科研知识来说，预测力最强的是期刊阅读，其次是科研讲座，最后是时间投入。对于提升科研能力来说，预测力最强的依然是期刊阅读，其次是时间投入，最后是科研讲座。另外可以看到，有教科研部门对科研素养、科研精神、科研能力都起到预测作用。

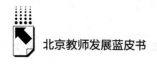
（四）中小学教师科研素养的后效影响

1. 科研素养对科研成果的预测力

在出版专著、论文发表、论文获奖、主持课题数量的科研成果产出中，以科研素养为自变量，以出版专著、论文发表、参与专著、论文获奖、主持课题数量为因变量，建立回归方程模型。科研素养具有显著的正向预测力。以科研意识、科研精神、科研知识、科研能力为自变量，以出版专著、论文发表、参与专著、论文获奖、主持课题数量分别为因变量，建立回归方程模型（见表11）。

对于出版专著、论文发表、参与专著、主持课题数量来说，科研素养、科研能力具有显著的预测力。对于论文获奖，科研能力具有边缘显著的预测力。基于此结果，科研素养的提升将有利于增加教师科研产出。

表11　中小学教师科研素养对科研产出的预测力

维度	出版专著	论文发表	参与专著	论文获奖	主持课题数量
科研素养	0.12 ***	0.26 ***	0.30 ***	0.60 ***	0.15 **
科研意识	0.01	0.07	0.08	0.04	0.08
科研精神	0.00	-0.04	-0.60	0.09	-0.06
科研知识	-0.02	-0.05	-0.11	0.18	-0.11
科研能力	0.13 **	0.26 **	0.22 **	0.28 *	0.22 **

注：数值是回归方程的非标准化系数；* $p<0.05$，** $p<0.01$，*** $p<0.001$。

2. 科研素养对教育教学效能感和创造性教学行为的预测力

本报告进一步把教育教学能力感知和创造性教学能力作为关联效度。教育教学变量有教育教学效能感和创造性教学行为，教育教学效能感分为一般教育效能感和个人教学效能感2个维度，创造性教学行为分为学习指导、动机激发、观点评价和鼓励变通4个维度。从结果来说，科研素养可以预测教师的教育教学能力感知和行为。

对于一般教育效能感来说，科研素养、科研精神和科研知识具有预测力。对于个人教学效能感来说，科研素养、科研精神、科研知识、科研能力具有预测力。对于教育教学效能感来说，科研素养、科研精神、科研知识和科研能力具有预测力（见表 12）。

表 12   中小学教师科研素养对教育教学效能感的预测力

维度	教育教学效能感	一般教育效能感	个人教学效能感
科研素养	0.77***	0.79***	0.78***
科研意识	0.00	0.01	-0.00
科研精神	0.33***	0.43***	0.21***
科研知识	0.34***	0.35***	0.32***
科研能力	0.14***	0.04	0.25***

注：数值是回归方程的非标准化系数；$^*p<0.05$，$^{**}p<0.01$，$^{***}p<0.001$。

科研精神、科研知识和科研能力都能够正向预测教师的教育教学效能感。也就是说，教师的科研精神越高，科研知识越丰富，科研能力越强，教育教学效能感也相应越高。科研素养对教师的教育教学效能感存在很强的预测作用。

创造性教学行为分为学习指导、动机激发、观点评价和鼓励变通 4 个维度。其中，对于创造性教学行为，科研精神、科研知识具有显著的预测；科研能力具有边缘显著的预测力。对于学习指导、动机激发、观点评价、鼓励变通 4 个维度，科研精神、科研知识预测力显著，科研能力对于学习指导也具有预测力（见表 13）。

表 13   中小学教师科研素养对创造性教学行为的预测力

维度	创造性教学行为	学习指导	动机激发	观点评价	鼓励变通
科研素养	0.73***	0.75***	0.73***	0.70***	0.76***
科研意识	-0.01	-0.03	-0.02	0.00	-0.01
科研精神	0.52***	0.54***	0.52***	0.48***	0.56***
科研知识	0.21***	0.16***	0.21***	0.23***	0.20***
科研能力	0.05*	0.10***	0.05	0.02	0.05

注：数值是回归方程的非标准化系数；$^*p<0.05$，$^{**}p<0.01$，$^{***}p<0.001$。

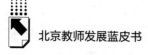

对于创造性教学行为，科研精神和科研知识能够正向预测创造性教学行为，也就是说，科研精神越强，科研知识越丰富，创造性教学行为越多。科研能力对学习指导、创造性教学行为也有正向预测作用。科研素养对创造性教学行为也存在很强的预测作用。

五　结论与建议

（一）研究结论

本报告在对中小学教师科研素养进行问卷调查，并分析结果的基础上，主要得出以下结论。

1. 中小学教师科研意识和能力亟待提高

从中小学教师科研素养的总体特征来看，中小学教师科研能力得分最低、科研意识次之。其中，科研能力的多项题目得分低于均值，尤其是文章发表、科研成果推广、对 SPSS 和 NVIVO 等软件的运用能力较为薄弱。在科研意识方面，教师对于科研的价值认同，尤其是科研在促进教育教学发展上的价值和意义认识不足。

2. 中小学教师科研素养存在群体差异

本次调研结果进一步支持以往研究认为不同教师群体的科研素养存在差异。在科研意识、科研精神、科研知识、科研能力方面，骨干教师得分显著高于非骨干教师。此外，不同职称的教师群体在科研素养上也不存在显著差异，甚至在个别维度上不存在均值差距，这一结果反映出高职称教师群体的科研素养并不存在优势。由此可见，在中小学，高职称教师在科研素养方面有优势，但没有体现出显著的优势，而骨干教师群体体现出显著优势。高职称教师的科研素养仍然需要提升，并在发挥引领带动作用上进一步加强。

较为显著的差异存在于教师性别、教龄、学历三个方面，女性教师的科研素养普遍高于男性教师。1~5 年教龄、6~10 年教龄教师的科研能力较强，而 30 年以上教龄教师的能力较弱。硕士及以上学历教师的科研素养呈现优势。这一结论与近年来中小学教师入职队伍的学历整体提升有关。由此，我们可以预测，随着新入职教师学历的整体提升，教师的科研素养也将逐步得到提升。

3. 中小学教师开展科研实践的现状亟须改进

本报告对全区教师开展的科研学习、科研时间、科研产出等现状进行了调查。结果显示，未主持过课题的教师占 60% 以上，仅主持过一项课题的教师占 20% 以上。由此可见，课题研究对于大部分教师来说并不属于常态工作，而仅为整个职业发展过程中的小概率事件。70% 以上的教师未出版过专著或编著，40% 以上的教师未发表过论文，发表 1 篇论文的比例为 17%，因此，一半左右的教师对于科研成果的梳理和固化，仍是职业发展过程中的小概率事件。有一半左右的中小学教师未进行过科研实践。从教师阅读教育教学期刊和专业书籍的数量来看，教师的科研学习仍然不充分，七成以上教师投入科研的时间在工作中占 30% 以下。

总体来看，教师开展科研实践的现状亟须改进，一是中小学教师参与科研实践的群体比例有待进一步提升，二是教师在科研知识的学习方面需要加强，开展科研实践的时间相对不足，科研产出还有很大的增长空间。

4. 科研素养对教育教学效能与行为具有良好的预测作用

本报告对科研素养的后效作用进行了三个方面的分析，即科研素养与科研产出、教育教学效能感、创造性教学行为的预测作用。结果显示，科研素养四个分测验中，科研能力能够预测教师出版专著、发表论文、参与专著、主持课题数量。科研精神、科研知识和科研能力都能够正向预测教师的教育教学效能感。也就是说，教师的科研精神越高，科研知识越丰富，科研能力越高，教育教学效能感也相应越高。对于创造性教学行为，科研精神和科研知识能够正向预测创造性教学行为。科研能力对学习指导、创造性教学行为有正向预测作用。这些都说明了科研素养对教育教学行为存在很强的预测作用。

以上结论从数据上印证了教师科研素养对教育教学的正向发展作用，科研素养的提升对于教师专业发展具有积极作用。中小学教师科研素养的提升不仅有利于科研事业的发展，也会整体提升教师的专业素养。

（二）对策建议

根据上述结论，科研管理部门及学校需要在以下几个方面下功夫，切实提升教师参与科研的积极性、加大对教师科研的支持力度。

1. 注重实践效用，增强教师科研价值认同

Stein 等提出素养的 $C=（K+S）A$ 公式，认为素养（Competence，C）是由知识（Knowledge，K）、技能（Skill，S）与态度（Attitudes，A）组成的统一整体，且态度在其中起着至关重要的作用。经济合作与发展组织（OECD）发布的《PISA 全球素养框架》将知识、技能、态度和价值观作为全球素养的基石，再次明确了态度和价值观在素养中的重要性。基于此，教师科研态度与观念的转变，对教师科研素养的整体提升作用需要引起高度重视。本报告的调研结果显示，中小学教师对于科研能够解决教育教学问题的价值认同较低，对于在中小学教师群体开展科研的重要意义与价值仍然有待进一步明晰。教师科研价值认同的形成，核心在于提升中小学科研的实践效用，在于使教师充分认识科研对教育教学的支撑、引领、驱动作用，让科研成果"看得见""摸得着"。

一是强化中小学科研的实践场域与成效。中小学教育科研的基本特点是创造性地解决教育实践问题，在实践场域下探讨教师科研素养是中小学教师科研素养提升的显著特征。与高校及研究机构的研究人员相比，中小学教师科研的专业实践性更加突出，作为"专业工作者"的中小学教师应关注实践行动，并为改善实践而研究。基于这一特征，科研管理部门与学校要在管理、指导、评估中小学教师的课题、论文、成果等方面，引导教师在实践场域中真实开展研究，并在课题研究与结题过程中加强对实践成果的检验与评估，鼓励教师在实践中"真"研究，"真"研究实践。

二是强化中小学教师科研的实践转化与应用。科研管理部门与学校要通过搭建学术交流平台，构建成果转化长效机制，形成市区校联动的"研究-

实践"双向转化渠道，助力不同层次的科研成果在校级、区级、市级平台上得到应用与转化。教师要在"从课堂中发现选题、在课堂中实施研究、用科研成果反哺课堂的新科研样态"中进行自身科研能力的提升。

2. 聚焦实操能力，补齐教师科研素养的短板

中小学教师的科研实践操作与成果提炼能力是科研素养的短板。这一结果也证明了中小学教师科研能力提升对素养整体提升的重要性。

一是要加强"长链条"能力的培养。从科研实践的起始、实施、总结三个阶段来看，科研能力的提升贯穿科研实践的全过程。教师之所以在科研成果提炼这个科研"集大成"环节上处于低谷，并不仅是这个环节的问题，也与科研起始、实施阶段上存在的能力不足相关。因此，科研能力的提升要从长链条、系统性着眼，科研管理部门及学校要从科研选题、科研项目申报与立项、研究过程与进展、研究成果提炼及推广的"全链条"上，做好科研研训课程的系统化、课程化建设，分阶段、分步骤做好整体能力提升的规划设计。

二是要着重强化数据能力的培养。中小学教师科研方法运用能力的不足也是能力提升中的关键问题。教师普遍存在研究方法的运用不当，量化、质性研究工具及软件的使用能力欠缺等问题。数据收集与分析能力的欠缺直接影响研究的科学性、规范性及成果质量。科研管理部门及学校，要将数据能力提升作为重点专题进行培训与指导。只有在方法、工具运用中的能力得到提升，才能开展具有循证特征的研究，从而进行基于循证数据的实践改进和成果提炼。

3. 形成多方联动，加大科研支持力度

从"中小学教师认为提升科研素养的动力因素排序"来看，排序的前三项为专家的引领、对个人专业发展有帮助、有充足的时间精力。此外，从学校科研管理现状来看，学校在知网账号、经费、激励规范等方面的管理还较为薄弱。基于以上两个结果，教师科研素养的提升需要在专家引领、专业发展、时间精力、物质支持、激励制度等方面不断加强。

中小学教师开展高质量的科研实践面临现实困境。第一，与高校、科研

机构的研究人员不同，科研工作并非其首要职责，教学是中小学教师的首要职责。工作职责的教学第一性影响了科研时间与科研精力。第二，科研能力的欠缺影响了科研质量与效能。第三，科研培训指导、激励保障措施的不到位也在一定程度上影响了教师积极性。综上所述，中小学教师开展科研需要强大的外部支持"保驾护航"。具体来讲，要有专门的科研机构为教师提供服务与管理，有专家团队为研究提供精准指导、有充足的经费及团队支持让科研顺利结出"果实"，有适当的平台能为科研进行宣传推广。因此，科研管理机构要与学校、专家团队、学术机构等多方联动，为教师提供更有力的科研支持。结合中小学科研现状来看，制度与资源是教师亟须的两项重要外部支持。

一是完善激励制度与机制。科研管理机构要引导学校成立科研机构，明确校级科研机构职责定位，为加强校级科研管理提供基础条件。科研管理机构与学校要加大区校两级科研激励制度与机制建设，形成教师开展科研的契约和奖惩机制，比如形成常态化培训指导制度、学术年会制度、评价奖励制度等。

二是进一步加强资源保障。教师作为个体开展科研实践，既需要学校外部的专家支持，也需要学校内部的同伴协助。首先，科研管理机构及学校要积极助力教师组建适切的研究团队，这是推动教师科研走得远、走得实的重要保障。其次，区校两级要为教师提供充足的研究经费、学术资源等方面的保障，便于教师购买研究所需的资料、开展资料检索、使用软件等。

六　反思和展望

本报告还存在一些不足与局限。第一，报告仅对北京市东城区的中小学科研情况进行了调查，在一定程度上，研究结论仅仅反映了一个区域的现状，未来还需要在更大范围内进一步调查，以验证本报告中的部分结论。第二，问卷的编制虽然进行了指标的检验与分析，但所涉及的内容及分析方法还有待更为精细的考量。第三，本报告的结论仅根据问卷调查得来，后续还可以通过访谈、文本分析、个案等更多元的研究方法，来对中小学教师科研素养进行更深刻全面的"画像"。

权威报告·连续出版·独家资源

皮书数据库
ANNUAL REPORT(YEARBOOK)
DATABASE

分析解读当下中国发展变迁的高端智库平台

所获荣誉

- 2022年，入选技术赋能"新闻+"推荐案例
- 2020年，入选全国新闻出版深度融合发展创新案例
- 2019年，入选国家新闻出版署数字出版精品遴选推荐计划
- 2016年，入选"十三五"国家重点电子出版物出版规划骨干工程
- 2013年，荣获"中国出版政府奖·网络出版物奖"提名奖

皮书数据库　　"社科数托邦"
　　　　　　　　微信公众号

成为用户

　　登录网址www.pishu.com.cn访问皮书数据库网站或下载皮书数据库APP，通过手机号码验证或邮箱验证即可成为皮书数据库用户。

用户福利

- 已注册用户购书后可免费获赠100元皮书数据库充值卡。刮开充值卡涂层获取充值密码，登录并进入"会员中心"—"在线充值"—"充值卡充值"，充值成功即可购买和查看数据库内容。
- 用户福利最终解释权归社会科学文献出版社所有。

数据库服务热线：010-59367265
数据库服务QQ：2475522410
数据库服务邮箱：database@ssap.cn
图书销售热线：010-59367070/7028
图书服务QQ：1265056568
图书服务邮箱：duzhe@ssap.cn

S 基本子库
UB DATABASE

中国社会发展数据库（下设 12 个专题子库）

紧扣人口、政治、外交、法律、教育、医疗卫生、资源环境等 12 个社会发展领域的前沿和热点，全面整合专业著作、智库报告、学术资讯、调研数据等类型资源，帮助用户追踪中国社会发展动态、研究社会发展战略与政策、了解社会热点问题、分析社会发展趋势。

中国经济发展数据库（下设 12 专题子库）

内容涵盖宏观经济、产业经济、工业经济、农业经济、财政金融、房地产经济、城市经济、商业贸易等 12 个重点经济领域，为把握经济运行态势、洞察经济发展规律、研判经济发展趋势、进行经济调控决策提供参考和依据。

中国行业发展数据库（下设 17 个专题子库）

以中国国民经济行业分类为依据，覆盖金融业、旅游业、交通运输业、能源矿产业、制造业等 100 多个行业，跟踪分析国民经济相关行业市场运行状况和政策导向，汇集行业发展前沿资讯，为投资、从业及各种经济决策提供理论支撑和实践指导。

中国区域发展数据库（下设 4 个专题子库）

对中国特定区域内的经济、社会、文化等领域现状与发展情况进行深度分析和预测，涉及省级行政区、城市群、城市、农村等不同维度，研究层级至县及县以下行政区，为学者研究地方经济社会宏观态势、经验模式、发展案例提供支撑，为地方政府决策提供参考。

中国文化传媒数据库（下设 18 个专题子库）

内容覆盖文化产业、新闻传播、电影娱乐、文学艺术、群众文化、图书情报等 18 个重点研究领域，聚焦文化传媒领域发展前沿、热点话题、行业实践，服务用户的教学科研、文化投资、企业规划等需要。

世界经济与国际关系数据库（下设 6 个专题子库）

整合世界经济、国际政治、世界文化与科技、全球性问题、国际组织与国际法、区域研究 6 大领域研究成果，对世界经济形势、国际形势进行连续性深度分析，对年度热点问题进行专题解读，为研判全球发展趋势提供事实和数据支持。

法律声明